En couverture, symbole de la propulsion
aéronautique, des aubes de soufflante.
(photo Snecma/Éric Drouin)

Snecma

les moteurs du ciel

Pierre Sparaco
avec Christian Lardier
pour le chapitre
La propulsion spatiale

08 Mars 2025

Pour Céline

"qui vole de ses propres ailes"
en souvenir de notre rencontre
au Musée Safran,
laquelle se poursuit par
une belle amitié

Janine
Le Page

le cherche midi

PG ÉDITEURS

Sommaire

16A

Une industrie hors du commun

La propulsion aérospatiale constitue un club très fermé : à peine quatre grands intervenants dans le monde, dont Snecma, un peu plus si l'on prend en compte des industriels de moindre importance ou ne disposant pas de l'ensemble des capacités indispensables à la conception d'un nouveau moteur. C'est aussi un monde de technologies de pointe, qui vit dans la durée. Un programme réussi s'étend en effet sur plusieurs décennies.

Une industrie hors du commun

Page précédente, un gros plan sur des ébauches d'aubes de soufflante. Ci-dessus, les deux hommes visionnaires qui ont porté le CFM56 sur les fonts baptismaux dans les années 1970, René Ravaud, président de Snecma, et Gerhard Neumann, directeur général de la division propulsion de General Electric. En page de droite, visualisation dans un laboratoire de l'ONERA (Office national d'études et de recherches aérospatiales) de l'écoulement tridimensionnel dans une roue mobile de turbine du champ de pression de maillage multidomaine. La pression décroît du rouge vers le vert.

Le secteur aérospatial ne se compare à aucun autre. Mais que dire des moteurs ? C'est un domaine complexe, exigeant, porteur de technologies de pointe, qui manie des ordres de grandeur spectaculaires, que l'on parle puissances, dollars ou euros.

C'est aussi une industrie qui ne compte qu'un nombre très limité d'acteurs de premier rang. Quatre, en tout et pour tout dans le monde occidental, davantage si l'on inclut les entreprises qui n'ont pas la capacité de développer entièrement un propulseur ou que des capacités d'investissement limitées cantonnent dans les petites puissances ou des activités de niche.

Quatre intervenants seulement… Deux sont américains, General Electric (GE) et Pratt & Whitney, deux sont européens, Rolls-Royce et Snecma. Leur dénominateur commun : un champ d'action résolument mondial. Ils se livrent une concurrence sans merci pour s'arroger de nouvelles parts de marché mais, quand nécessité fait loi, ils sont aussi capables de nouer de fructueuses coopérations.

Le mouvement de « consolidation » qui a profondément modifié les structures de l'industrie aérospatiale contemporaine n'a pas épargné le secteur de la propulsion. Ainsi, Rolls-Royce a racheté un motoriste américain, Allison, et un intervenant allemand devenu Rolls-Royce Deutschland. Rolls se trouve également au cœur d'International Aero Engines, en concurrence frontale avec CFM International (filiale commune de Snecma et General Electric), en compagnie de Pratt, MTU Aero Engines, Avio (ex-Fiat) et d'un groupement de trois partenaires japonais.

Parallèlement, la société de droit allemand Eurojet réunit Rolls, MTU et quelques autres pour produire l'EJ200, propulseur de l'Eurofighter, avion de combat européen. Eurojet suit ainsi la voie tracée par Turbo-Union à l'époque du Tornado. Dans le même esprit, MTU travaille en symbiose avec Turbomeca pour propulser le redoutable hélicoptère de combat Tigre d'Eurocopter. Turbomeca et Rolls travaillent ensemble sur d'autres marchés. Et ainsi de suite.

Snecma connaît l'Europe mieux que quiconque et contribue activement à en renforcer les bases technologiques et industrielles. La société française a essaimé, en même temps qu'elle constituait pas à pas un groupe équilibré maîtrisant tous les aspects de la propulsion aérospatiale, des quelques grammes de poussée mesurés avec une précision scientifique indispensable à l'ajustement d'une orbite de satellite au déchaînement de puissance du M88 qui équipe le Rafale ou encore une gamme de moteurs civils, du SaM146 à l'imposant GE90 et au puissant moteur-fusée d'Ariane 5, le moteur Vulcain.

Snecma travaille très étroitement avec GE depuis plus de trente ans, une coopération qui a permis de créer une famille prolifique de moteurs civils, les CFM56.

Née au lendemain de la Seconde Guerre mondiale, tout d'abord proche de la monoproduction dans des circonstances difficiles, Snecma n'a cessé d'évoluer, de se diversifier, de s'enrichir de nouvelles activités, soutenue par les services officiels français et épaulée, notamment, par l'Office national d'études et de recherches aérospatiales (ONERA) et le Centre d'essais des propulseurs.

Au fil des années, le groupe a patiemment regroupé les forces vives de la propulsion aérospatiale française en englobant des acteurs de premier plan comme la Société européenne de propulsion et Turbomeca, Labinal ou encore des entreprises plus spécialisées, fortes d'une expérience souvent unique, par exemple Hispano-Suiza et Hurel-Dubois, Messier-Bugatti et Messier-Dowty. Elle en a créé d'autres, pour répondre à des demandes nouvelles, comme Aircelle, et a pris pied hors Hexagone. Ainsi a été érigé un ensemble cohérent et puissant qui a racheté Sagem, créé le groupe Safran.

Jean-Paul Béchat, président du directoire de Safran, maison mère de Snecma mise en place en 2005, précédemment P-DG du groupe Snecma, a fait toute sa carrière dans le groupe. Fin connaisseur du secteur, il a gardé le recul nécessaire à une analyse pragmatique. Il remarque, point de vue rare, que l'industrie aérospatiale est une « petite » industrie, au niveau mondial. En revanche, elle revêt une importance stratégique à travers la planète tout entière.

Les exigences de qualité, de performances, propres au monde aérospatial, sont telles qu'il lui faut trouver les moyens de décliner des produits industriels sans bénéficier de gros volumes, c'est-à-dire de véritables productions en série. « C'est une petite industrie de luxe, très chère, qui exige des mises très élevées », souligne Jean-Paul Béchat.

Autre particularité, c'est un secteur stable, depuis de grandes restructurations amorcées aux États-Unis, poursuivies en Europe, mais qui ont peu affecté le domaine de la propulsion. Les deux grands intervenants américains, GE et Pratt, bénéficient tous deux de ce qu'il est convenu d'appeler la taille critique et leur coexistence concurrentielle ne semble pas devoir être remise en cause. D'autant que les Américains craignent les monopoles plus que tout, une attitude que partage d'ailleurs la Commission européenne. L'Europe de la propulsion aérospatiale suit de toute manière une voie différente, préférant les alliances aux regroupements.

Compte tenu de cette stabilité, de perspectives de développement soutenu du marché civil et de la valeur symbole du secteur – certains continuent de parler d'industrie de souveraineté – l'éventualité de l'émergence de nouveaux intervenants est fréquemment évoquée.

Il s'agit d'une hypothèse qui relève du long terme et, *a priori*, ne peut impliquer que trois grands pays. La Russie, tout d'abord, qui fut un intervenant de premier plan (mais vivant en autarcie) du temps de la guerre froide. Après avoir vécu des moments difficiles, son industrie aéronautique et spatiale a bénéficié d'un vaste mouvement de réorganisation en même temps qu'elle se fixait des objectifs réalistes. Elle a choisi de tabler sur un jeu d'alliances, notamment pour développer un avion régional, le Superjet 100, motorisé par NPO Saturn et Snecma. Nous allons y revenir.

La Chine, autre acteur émergent, s'appuie sur un marché considérable et, à terme, le développement de son industrie pourrait menacer les acteurs historiques. Cette menace est contenue par des partenariats établis entre avionneurs, par exemple l'installation en Chine d'une chaîne d'assemblage final d'A320. Le groupe AVIC a lancé un avion régional de conception nationale et, en mars 2007, les autorités de Pékin ont laissé entendre qu'il pourrait être suivi par un gros-porteur.

L'Inde affiche également de grandes ambitions.

Commentaire de Jean-Paul Béchat : en matière de moteurs, la barre est placée plus haut que dans les autres métiers de l'aéronautique. Ce qui revient à dire que la probabilité de voir apparaître de nouveaux concurrents est sensiblement moindre.

La réussite technique et opérationnelle du lanceur spatial européen Ariane 5 repose en grande partie sur le puissant Vulcain 2.

Des exigences hors normes

Le secteur aérospatial évolue dans le long terme : la durée de vie d'un moteur s'exprime en décennies. Des choix techniques ou industriels peuvent avoir des conséquences dont les effets se font encore sentir vingt ou trente ans plus tard, voire davantage. Le coût de développement d'un moteur – un secret jalousement gardé – se situe aujourd'hui au-delà de 1 ou 2 milliards d'euros, ce qui signifie que les conséquences d'une erreur de jugement peuvent tout simplement être dramatiques.

La propulsion exige non seulement des mises de fonds impressionnantes mais aussi un grand talent d'anticipation des besoins des avionneurs et l'appui de financiers témoignant d'une patience exemplaire. Il faut, en effet, sept à huit ans pour concevoir un moteur, un peu moins depuis que de nouvelles méthodes de calcul et la conception assistée par ordinateur se sont généralisées, et le seuil de rentabilité n'est atteint qu'après de nombreuses années.

Par ailleurs, le nombre de programmes tend singulièrement à diminuer, ce qui limite les débouchés. Pour illustrer cette affirmation, il suffit d'évoquer le duopole Airbus-Boeing qui a succédé à la situation plus diversifiée qui prévalait précédemment. De même, on compte sur les doigts d'une seule main les producteurs d'avions de combat de la planète.

Il ne faudrait pas en conclure pour autant que les perspectives qui s'offrent aux motoristes sont limitées. D'après Forecast International – dont les prévisions concordent avec celles d'autres spécialistes – la décennie 2006-2015 verra la production d'un peu plus de 95 000 propulseurs aéronautiques de toutes catégories, dont 60 000 turboréacteurs.

Les prévisions à vingt ans de CFM International sont relativement proches de ces ordres de grandeur, l'estimation en matière de turboréacteurs, légèrement plus prudente, faisant état de 53 100 moteurs : 12 600 dans la catégorie des 7 000 à 18 000 livres de poussée, 24 450 pour les 18 000-45 000 livres et 16 060 pour les moteurs de plus de 45 000 livres. Valeur globale, aux conditions économiques actuelles : près de 400 milliards de dollars.

Les prévisions à vingt ans, habituellement utilisées par les avionneurs, sont non seulement

indispensables mais aussi un peu « courtes », compte tenu de la durée de la phase préparatoire à tout lancement de programme et aux cycles très longs qui caractérisent l'aéronautique. Les motoristes souhaiteraient, pour leur part, être en mesure de regarder encore plus loin au-delà de l'horizon. La pratique montre que c'est difficile, sinon impossible, compte tenu de la diversité des impondérables qui brouillent les pistes.
Ainsi, il est instructif de comparer les prévisions de Forecast International, telles que synthétisées pour *Aviation Week*, et celles d'un autre intervenant, Rolls-Royce. On découvre alors des divergences importantes, dans la mesure où l'industriel britannique, difficilement suspect d'euphorie, évoque un marché de 114 000 moteurs sur vingt ans et leur attribue une valeur totale de plus de 600 milliards de dollars.
Il convient de toute évidence de manier de telles prévisions avec prudence et discernement. De même, il faut notamment distinguer les moteurs de grande puissance des autres. D'un côté, les cadences de production ne sont pas spectaculaires mais les prix élevés, de l'autre, c'est l'inverse. Une règle absolue, dominée par de rares « vedettes ».
Ainsi, les analystes annoncent, pour une période de dix ans, la production de 8 520 CFM56 de différentes versions, une prévision prudente, sachant que les Boeing 737 et les Airbus de la série A320 bénéficient d'un flux continu de commandes, avec des pics importants comme en 2005 et 2006. Le moteur franco-américain bénéficie d'une enviable exclusivité sur 737 et, pour la famille A320, il domine son concurrent, le V2500 d'International Aero Engines.
On pourrait en conclure que seul le CFM56 affiche des prévisions de ventes de cette ampleur. Il n'est pourtant pas unique en son genre, en quantités produites tout au moins, Pratt & Whitney Canada espérant livrer dans le même temps un nombre équivalent de petits PW600. Une situation étonnante, à première vue, qui repose sur un phénomène nouveau, l'essor spectaculaire d'une nouvelle génération de petits jets de voyage, les Very Light Jets ou Personal Light Jets. Bien que leur apparition soit récente, ce qui incite à la prudence, ils pourraient bientôt être produits au rythme d'un millier d'exemplaires par an par Cessna, Embraer, Grob, Piper et de nouveaux venus comme Eclipse et Spectrum Aerospace. Le calcul est simple : 1 000 avions par an correspondent évidemment à 2 000 moteurs, hors rechanges, soit 20 000 environ en dix ans.
C'est davantage que les avions d'affaires « classiques », bien que ces derniers surfent sur la vague d'une demande croissante, pour la plus grande satisfaction de Dassault Aviation, Gulfstream et quelques autres.
L'aviation d'affaires constitue un marché important, en croissance, aux facettes multiples. Il fait intervenir les « grands », y compris Snecma avec son projet Silvercrest, mais aussi d'autres indus-

Des aubages de redresseur dans l'usine de Corbeil. Cette dernière, imposante, constitue la clef de voûte d'un outil industriel très performant.

triels comme Honeywell et Williams International. L'aviation d'affaires ne se limite pas aux Falcon, Gulfstream et VLJ. Elle présente des facettes multiples comme l'indique l'essor des ventes d'appareils très haut de gamme comme le Boeing Business Jet (dérivé du 737), l'Airbus CJ (Corporate Jet) basé sur l'A319 et l'A318 Elite. Cette notion de haut de gamme n'a pas de limites, comme en témoigne la vente d'A340 (et même d'un A380) en configuration VIP. Les avions régionaux, qui obéissent à des règles tout autres, méritent une attention particulière. Les industriels spécialisés ont été décimés par une concurrence féroce qui les avait conduits à la surenchère. Fairchild Dornier et Fokker ont disparu, Saab s'est retiré. Chacun s'accordait à dire que les deux derniers intervenants, Bombardier et Embraer, poursuivraient longtemps leur route dans le cadre d'un duopole comparable à celui d'Airbus et Boeing. Puis des données nouvelles ont bouleversé les prévisions.

L'envolée du prix du pétrole, tout d'abord, à 50 dollars le baril, puis davantage, a conduit nombre de compagnies régionales à refaire leurs comptes. Elles ont redécouvert les grands mérites des 40-80

Un alignement de carters de CFM56. Ce document a valeur de symbole : il illustre le succès du programme franco-américain et la notion de grande série.

places dotés de turbopropulseurs, considérablement plus économiques à exploiter sur les lignes courtes que les jets purs. L'obstacle psychologique que constituait l'image quelque peu surannée des avions à hélices a alors été franchi avec aisance, d'autant que des progrès techniques remarquables ont éliminé les vibrations et fortement atténué le niveau sonore de ces appareils.

La conséquence la plus visible de ce retournement de situation est le nouveau départ de l'avionneur franco-italien ATR, au bénéfice, en matière de motorisation, de Pratt & Whitney Canada et de l'hélicier Ratier-Figeac. Une manière de rappeler que rien n'est jamais définitivement acquis, la « jetmania » ayant subi, sur ce segment du marché, un sérieux revers.

Par ailleurs, au même moment, il est apparu que les jours du duopole Bombardier-Embraer étaient comptés, de nouveaux prétendants pointant à l'horizon. Deux d'entre eux deviennent réalité, l'ARJ21 chinois et le Superjet 100 russe. Les perspectives offertes à un nouvel entrant ambitieux comme le Superjet 100 expliquent l'optimisme qui prévaut chez Snecma. Le biréacteur russe, conçu par Sukhoi, est en effet propulsé par deux PowerJet SaM146, appellation d'un moteur de nouvelle génération conçu par Snecma et NPO Saturn.

Marc Ventre, directeur général adjoint de Safran, et précédemment P-DG de Snecma, évoquant cette évolution rapide, ajoute que l'Inde pourrait être le prochain intervenant sur ce même marché des biréacteurs régionaux. Ce qui annonce de nouveaux développements intéressants.

Présents tout à la fois sur le marché militaire et adaptés à une myriade d'applications civiles, les hélicoptères de toutes catégories constituent pour leur part un marché considérable, dominé par des règles qui lui sont propres. Snecma n'y participe pas directement mais Turbomeca, société sœur au sein de Safran, occupe une position dominante en matière de voilures tournantes.

Les propulseurs militaires, enfin. La durée de vie des programmes est telle que les opportunités se raréfient. Ainsi, Snecma a développé le M88 pour équiper l'avion de combat polyvalent Rafale de Dassault. Ce système d'armes a été décidé en 1984 mais il n'est devenu opérationnel que vingt ans plus tard. Aucune difficulté technique notable n'a pourtant ralenti le programme, si ce n'est le problème permanent de contraintes budgétaires. La production des Rafale et M88 se poursuivra probablement jusqu'à l'horizon 2025, sinon au-delà, et il n'est pas certain que leur succession, à cette époque-là, soit assurée par un autre type d'appareil piloté. Entre-temps, les efforts de recherche et technologie devront ratisser large pour ne rien négliger, mais sans disposer d'objectifs précis, à défaut de « boule de cristal ».

Toujours dans le domaine militaire, en matière d'avions de transport, l'horizon européen s'est éclairci avec le lancement du programme européen A400M. Fort d'une commande groupée de

Lancement d'un Sperwer, drone développé par Sagem Défense Sécurité, membre du groupe Safran.

sept pays partenaires et de premiers succès à l'exportation intervenus très rapidement, cet Airbus en uniforme entame une carrière qui s'annonce longue. La remarque s'applique aussi à son moteur, l'imposant TP400-D6. Quand on sait que l'A400M va succéder au C160 Transall et que ce dernier a effectué son premier vol en février 1963, on constate que l'épilogue de cet épisode se situe au-delà de 2050…

Le marché civil évolue selon des normes similaires. Une quinzaine d'années se sont écoulées entre le lancement du Boeing 777 et celui du 787. Airbus a démarré l'A380 fin 2000 et l'A350 fin 2007. Les successeurs des séries 737 et A320 apparaîtront au plus tôt en 2015.

En 1990, Jean Bilien, alors président de CFM International, avait évoqué de manière très parlante la raréfaction des programmes. Au moment du lancement du CFM56, expliquait-il, non moins de 23 applications potentielles de ce moteur avaient été dénombrées. La plupart des appareils figurant sur cette liste n'ont finalement pas vu le jour : ont été abandonnés, entre autres, le projet ASMR de Dassault et Douglas, les 727-300/400 remotorisés, 707 modernisé, DC-9 « bi-CFM », Trident 5 britannique et Fokker F29.

La même année, Dominique Paris, directeur des programmes civils de Snecma, avait résumé les demandes faites aux motoristes de la manière suivante : « Inventer le mouvement perpétuel sous forme d'un moteur à consommation nulle, par ailleurs très léger et parfaitement fiable, le produire à quelques milliers d'exemplaires, l'offrir aux compagnies aériennes et quand même gagner de l'argent. »

Autre commentaire révélateur des contraintes propres à ce marché hors normes, toujours en 1990, celui de Gérard Delalande, à cette époque sous-directeur des programmes civils de la DGAC (direction générale de l'Aviation civile) : dans le cas d'un biréacteur, disait-il, il faut fabriquer quatre à cinq fois plus de moteurs que d'avions pour atteindre l'équilibre financier. La durée de vie d'un programme réussi, de l'ordre de cinquante ans, engendre la vente de rechanges qui doublent la recette. Ce qui suffit à expliquer la guerre des prix sans merci que se livrent les motoristes. C'est une situation malsaine à laquelle il serait préférable de substituer des moteurs vendus à leur vrai prix et des rechanges moins chères.

Si la situation a évolué depuis le début des années 1990, c'est dans le sens de l'exacerbation des difficultés. On remarque tout d'abord que les contraintes économiques ont pris une ampleur nouvelle, compliquée par le fait que l'industrie aérospatiale tout entière libelle ses prix en dollars. C'est un handicap lourd pour les Européens et plus particulièrement pour ceux qui sont installés dans la zone euro. Le billet vert est faible, la monnaie européenne forte avec pour résultat un différentiel de compétitivité qui n'a rien à voir avec les performances des entreprises elles-mêmes.

La propulsion spatiale obéit pour sa part à des règles qui lui sont propres. Elle est au cœur de tous les programmes, de manière omniprésente, à commencer par les lanceurs et, à l'autre extrémité de la chaîne, le positionnement et l'orientation des satellites. La notion de lanceurs, ici, est double, dans la mesure où Ariane 5 peut placer sur orbite tout à la fois des charges utiles à vocation commerciale et des satellites militaires. Qui plus est, la notion de propulsion spatiale recouvre également les missiles balistiques des forces nucléaires de dissuasion, clef de voûte de la Défense française.

Détail remarquable, la gamme de Snecma couvre la totalité des besoins, de quelques grammes à plusieurs centaines de tonnes de poussée. Le plus petit des moteurs spatiaux sortis des ateliers de Snecma donne très exactement 0,008 décanewton. Le plus puissant, l'imposant booster d'Ariane 5, donne non moins de 680 tonnes.

De nouvelles priorités

La part des moteurs dans le prix de vente d'un avion commercial a fortement augmenté au fil des années. On pouvait l'estimer à 15 % environ à l'époque de la naissance d'Airbus et elle a doublé depuis lors. Par ailleurs, compte tenu de l'envolée du prix du pétrole, le carburant intervient dans des proportions de plus en plus importantes dans les coûts directs d'exploitation des avions commerciaux. En d'autres termes, la consommation spécifique d'un moteur constitue un paramètre d'importance décisive, un constat qui donne une responsabilité nouvelle aux industriels en même temps qu'elle les met littéralement sous pression. « Le moteur est devenu une machine à économiser le carburant en même

Un Rafale M décolle du porte-avions *Charles-de-Gaulle.* La postcombustion des deux M88-2 dramatise la scène.

temps qu'un facteur de réduction du risque économique pour les compagnies aériennes », reconnaît un cadre confronté aux préoccupations quotidiennes des compagnies aériennes.

Le marché militaire obéit à d'autres règles. Aucun état-major n'est évidemment insensible à une consommation spécifique en recul, compte tenu des contraintes budgétaires à prendre en considération. Reste le fait que la guerre froide fait partie du passé, que les menaces ont évolué en même temps que les États cherchaient à engranger les « dividendes de la paix ».

La plupart des pays n'ont pas baissé la garde, mais ont néanmoins adopté une attitude nouvelle facilitée par la longévité et à la polyvalence des systèmes d'armes de nouvelle génération. De ce fait, les programmes nouveaux tendent tout simplement à disparaître : si le successeur du Rafale est un vecteur piloté, ce qui n'est pas acquis, il sera probablement mis en chantier quarante ans au moins après son prédécesseur. Avionneurs, motoristes, équipementiers sont donc confrontés à la quadrature du cercle : comment garder la main dans les bureaux d'études dans ces conditions ?

La réponse vient, en partie tout au moins, d'une inversion de tendance. Jadis, les programmes militaires constituaient le principal facteur de progrès, d'avancées technologiques. Les réalisations civiles en profitaient en un deuxième temps. Ce n'est plus vrai aujourd'hui. Tout au contraire, comme le souligne Serge Eury, directeur de la recherche et de la technologie de Snecma, les motoristes travaillent désormais dans un contexte largement « dual ». Les travaux de longue haleine qui préparent la relève des CFM56, TECH56 puis LEAP56, lancés respectivement en 1989 et 2005, en témoignent. Ils annoncent des progrès considérables sans faire appel à des leçons tirées de programmes ou de financements militaires.

L'industrie des transports aériens est littéralement obsédée par le coût du kérosène, et cela depuis le premier choc pétrolier de 1973. Des progrès considérables ont été accomplis, d'autres sont annoncés. Au cours des vingt années qui séparent la génération du Pratt & Whitney JT3D (Boeing 707 et Douglas DC-8) des tout premiers CFM56, la consommation spécifique a diminué de 27 %.

John Leahy, directeur des ventes d'Airbus, évoquant la génération actuelle de très gros moteurs (Rolls-Royce Trent 900, Engine Alliance GP7200) et l'allègement des cellules grâce aux matériaux composites, se plaît à souligner que la consommation de l'A380 correspond à 2,9 litres aux 100 kilomètres par passager, à comparer aux 8 litres d'une vingtaine d'années plus tôt. C'est une comparaison rassurante qui va à l'encontre des idées reçues.

Reste à concilier les exigences de deux marchés qui évoluent de manières différentes, sinon opposées, de deux clientèles qui ne vivent pas tout à fait dans la même aviation. Ainsi, les militaires exigent avant tout un maximum de poussée pour un minimum de masse, aspirent à la furtivité, ce qui conduit les bureaux d'études à leur proposer des moteurs très « technologiques ». À l'opposé, les compagnies aériennes donnent la priorité à la baisse des coûts, à la consommation, au niveau sonore, à l'élimination progressive des émissions de CO_2.

La direction de la recherche et de la technologie de Snecma estime que ces émissions de CO_2 sont en passe d'être divisées par deux. Mais, s'empresse d'ajouter Serge Eury, le trafic aérien progresse plus vite que ne diminuent les nuisances, une manière prudente de rappeler que le pari environnemental n'est pas gagné. C'est là que réside une disconti-

Deux générations d'avions de combat de l'aéronautique navale française : un Rafale M et un Super Étendard.

nuité. Une remarque qui s'applique également aux nuisances sonores, en fort recul, à un point tel que les sources de bruit étrangères à la propulsion ont pris le dessus. Ce qui revient à dire que les motoristes, sans relâcher leurs efforts pour autant, ont tendance à passer le relais aux avionneurs et plus particulièrement aux aérodynamiciens.

Deuxième discontinuité, le pétrole. De manière générale, les motoristes n'ont pas d'opinion préconçue sur ce thème délicat dans la mesure où les recherches ne sont pas, *a priori*, de leur ressort. Pierre Thouraud, directeur technique de Snecma, note cependant que ses équipes se sont rapprochées de l'industrie pétrolière et de sa manière de se pencher sur l'avenir. C'est là un thème majeur de réflexion, en même temps qu'un sujet d'inquiétude, qui sort très largement, bien sûr, du cadre de l'aéronautique.

Jacques Renvier, directeur adjoint marques techniques et intégration système propulsif de Snecma, s'efforce de replacer ces préoccupations dans un contexte empreint de réalisme. Il rappelle les grands progrès qui ont été accomplis en un demi-siècle de propulsion à réaction et entrevoit une étape nouvelle qui permettra de réduire la consommation spécifique de 20 % environ.

Les principaux leviers d'action sont, dit-il, la quête de meilleures performances des composants, un rendement optimisé, la réduction de masse obtenue par les matériaux composites, les matériaux thermo-structuraux, les composites à matrice métallique. Il prévoit des moteurs de nouvelle génération dont le taux de dilution sera encore accru, un nombre réduit d'aubes par étage, etc.

L'après-pétrole

Le moins que l'on puisse dire est que le XXIe siècle s'est ouvert sur une interrogation désormais omniprésente : qu'en sera-t-il de l'avenir du pétrole, de l'après-pétrole ? À l'occasion d'un colloque organisé à Toulouse fin 2006 par l'Académie de l'air et de l'espace, Gilbert Ruelle, ancien dirigeant d'Alstom et membre de l'Académie des technologies, est allé à l'essentiel : « Le développement que nous connaissons n'est pas durable, la consommation d'énergie a été multipliée par 50 en deux cents ans, une énergie pour l'essentiel d'origine fossile. » Et d'ajouter que, même sans risque environnemental et climatique, l'humanité ne pourra pas continuer sur cette voie, les ressources n'étant pas inépuisables : « Nous en avons pour quelques décennies. »

C'est précisément pour cette raison que la communauté aéronautique s'interroge. La durée de vie des avions commerciaux et de leurs propulseurs est telle qu'elle oblige les responsables à considérer sans plus attendre un avenir qui ne relève plus tout à fait du très long terme. D'autant que tous les spécialistes s'accordent à dire que le pétrole sera la première source d'énergie à

connaître l'épuisement. De plus, pour cette même raison, son prix ne peut qu'augmenter davantage. Commentaire de Jean-Paul Béchat : « Pour un chef d'entreprise, l'horizon est plutôt à vingt ans et non pas dans l'ambition de préparer le siècle d'après. Et, à échéance vingt ans, je vois encore du pétrole ! » Il ajoute que le successeur du CFM56 sera déjà au tiers de sa carrière quand approcheront de nouvelles échéances énergétiques. Ce qui revient à dire qu'elles vont concerner… le successeur du successeur du CFM56.
Entre-temps, le débat d'experts se concentre sur la chronologie des événements à anticiper, le point de repère essentiel étant ce qu'il est convenu d'appeler le pic pétrolier, échéance au-delà de laquelle la raréfaction, lente mais inéluctable, commencera peu à peu à devenir réalité. Personne n'ose trancher, ce qui explique que la fourchette chronologique reste large et imprécise, entre 2020 et 2050.
Pierre-René Bauquis, professeur à l'école de l'Institut français du pétrole, après avoir rappelé que les différents modes de transports interviennent pour 20 % dans la consommation totale d'énergie, situe le pic au-delà de 2040 ou 2050, ce qui le conduit à estimer que l'heure des grands choix technologiques sonnera vers 2020 ou 2030. Et c'est bien là que se trouve le nœud du problème. En effet, les avions de la génération des A380, A350 et autres 787 resteront probablement en service jusqu'à la fin du siècle. Des solutions de substitution seront-elles devenues réalité entre-temps ? Philippe Jarry, l'un des principaux artisans de la stratégie produits d'Airbus, tend à aggraver l'inquiétude née de cette question. Il n'hésite pas à affirmer, en effet, que « le transport aérien est loin d'être arrivé à maturité, qu'il en est encore à ses débuts tandis que le pétrole en est peut-être à sa fin ». On l'a compris, il n'est plus question, à ce stade de l'analyse, de consommer moins de kérosène mais de trouver des solutions de remplacement. Par exemple l'hydrogène liquide, piste déjà explorée par les grands avionneurs dès les mois qui ont suivi le premier choc pétrolier de 1973.
Paul Kuentzmann, haut conseiller de l'ONERA, énumère d'autres études qui ont été conduites de longue date : piles à combustible, biocarburants et même l'énergie nucléaire. Il « suffit » d'interroger les meilleurs spécialistes pour confirmer que « la » solution n'existe pas. À moins de se contenter, en un premier temps, de carburant de synthèse, lequel peut être produit sur base d'un procédé… mis au point dans les années 1920.
Deux scientifiques du Kaiser Wilhelm Institut, l'Allemand Franz Fischer et le Tchèque Hans Tropsch, ont en effet créé une méthode (qui porte leur nom) permettant de produire du pétrole synthétique dans des conditions acceptables. Une expérience transformée en réalité industrielle pendant la Seconde Guerre mondiale avec une production qui a atteint 124 000 barils quotidiens sans lesquels les avions de la Luftwaffe seraient restés au sol.
Ce n'est pas le moindre des paradoxes, estiment les dirigeants des grands motoristes : dans un monde dominé par des technologies de pointe sans cesse renouvelées, la réponse, fût-elle provisoire, serait basée sur une formule qui aura bientôt un siècle d'existence ! La première avancée concrète est le fait du département américain de la Défense. Pour des raisons qui relèvent davantage de la géopolitique que des risques de pénurie, le Pentagone a choisi le procédé Fischer-Tropsch, l'a testé en 2006-2007 de manière tout à fait concrète (avec un bombardier stratégique B-52 propulsé par de vénérables Pratt & Whitney TF33) et a ensuite décidé de commander du kérosène synthétique en grande quantité. Doit-on y voir, indirectement, un aveu d'impuissance à innover ?
À vrai dire, les motoristes auraient plutôt tendance à faire confiance aux scientifiques, à estimer qu'ils leur soumettront des solutions nouvelles quand approcheront les grandes échéances. Les ingénieurs de Snecma rappellent que les industriels ne sont pas en mesure de présenter des spécifications. Mais ils n'en seront pas moins prêts, le moment venu, à s'adapter. D'autant que les chambres de combustion peuvent évoluer sans qu'il soit nécessaire de modifier les moteurs eux-mêmes.
Ce débat, lui-même à l'origine d'une nouvelle quête d'innovation, s'ouvre à peine. Il annonce sans doute de nouveaux progrès qui permettront aux motoristes de rester dans la tradition des grandes ruptures technologiques précédentes. Novatrices et sans aucun doute passionnantes.
C'est dans ce contexte exigeant que s'inscrit Snecma.

Air Berlin, compagnie « low cost » qui connaît une croissance impressionnante, utilise une flotte de Boeing 737 qui en fait un client important de CFM International.

Les premiers pas

La tradition française en matière de propulsion aéronautique est née avec les premiers pionniers de la conquête de l'air, au tout début du siècle dernier. Son histoire est riche d'innovations, de progrès constants, de sagas industrielles. Au fil des temps, les forces vives ont été regroupées puis ont conduit à la création de Snecma à la mi-1945. Une belle histoire, conduite avec beaucoup de savoir-faire et de grandes compétences.

Les premiers pas

La Société nationale d'étude et de construction de moteurs d'aviation (S.N.E.C.M.A) a été constituée le 28 août 1945. En réalité, ce jour-là, c'est le motoriste Gnome & Rhône qui a changé de nom, cela dans le cadre d'une ordonnance datée du 29 mai qui en transférait les actions à l'État. En d'autres termes, cette opération parachevait la nationalisation de l'industrie aéronautique française décidée en 1936 par le Front populaire de Léon Blum, mais qui n'avait pas été entièrement menée à terme.
Bien entendu, les circonstances n'étaient plus celles des années 1930. Il s'agissait, au lendemain de la Seconde Guerre mondiale, de faire table rase du passé d'un point de vue politique, de rationaliser l'outil industriel et de préparer un nouveau départ. Cela dans des circonstances économiques difficiles et en cherchant à surmonter de sérieux handicaps techniques.
La paix revenue, l'industrie aéronautique française se retrouve non seulement en grande partie détruite et exsangue mais aussi dépassée par les progrès techniques fulgurants accomplis dans le cadre de l'effort de guerre du Royaume-Uni, des États-Unis et des autres belligérants.
La tâche à accomplir est d'une complexité extrême. Il s'agit, en effet, de maintenir un certain niveau d'activité malgré des contraintes budgétaires sévères. Mais quelles activités ? La reconversion est nécessaire mais, par la force des choses, elle n'a pas été préparée. De plus, le déphasage technique par rapport à l'état de l'art est considérable et, de toute évidence, le retard ne pourrait pas être comblé du jour au lendemain.
Il s'agit, d'autre part, de se projeter dans l'avenir et d'imaginer quelles devraient être, idéalement, les ambitions et le gabarit du secteur propulsion aéronautique de la France. Ce n'est pas chose aisée, même s'il est acquis qu'un regroupement industriel s'impose. Dès lors, il est entendu que Snecma ne sera pas une simple réincarnation de Gnome & Rhône mais bien le grand motoriste aéronautique français. Sans disposer pour autant d'un quelconque monopole de fait.
Ainsi, il est décidé qu'Hispano-Suiza restera autonome, de même que Turbomeca, entreprise spécialisée dans les turbines de petite puissance fondée en 1938 par Joseph Szydlowski, qui a survécu de justesse à la guerre.
En revanche, outre Gnome & Rhône, c'est sous la bannière Snecma qu'est placée l'activité aviation de Renault (la S.A. des Moteurs Renault pour l'aviation), de même que l'Atelier aéronautique de l'air de Billancourt et le GEHL, sigle derrière lequel se cache le Groupe d'étude de moteurs à huile lourde.

EN PAGE PRÉCÉDENTE, une partie des bureaux de Snecma vers 1950. A cette époque, le siège social de l'entreprise se trouvait dans le VIIIe arrondissement de Paris. Plus tard, il fut transféré Boulevard Haussmann. Les grands bâtiments de production, eux, se trouvaient Boulevard Kellermann dans le XIIIe arrondissement. CI-DESSOUS, un Dassault Ouragan, propulsé par un Atar 101.

En matière de rationalisation, ce regroupement en termine un autre, antérieur à la guerre, mais dans des circonstances nouvelles. En 1938, en effet, Gnome & Rhône avait absorbé la Société des aéroplanes Voisin puis, en 1941, l'établissement d'Argenteuil de la Société nationale de construction de moteurs (anciennement Moteurs Lorraine). Toujours en 1941, Gnome & Rhône avait également repris la Société générale de mécanique et d'aviation et, en 1942, l'Arsenal aéronautique de Limoges (rendu plus tard au ministère de l'Air).
L'état des lieux, à la mi-1945, montre clairement que Snecma s'achemine vers un démarrage difficile. La première équipe dirigeante est placée sous la responsabilité de Marcel Weill, nommé P-DG le 28 août 1945. Au moment de son arrivée, il connaît déjà la situation délicate qu'il aura à gérer dans la mesure : il faisait précédemment partie du cabinet de Charles Tillon, ministre de l'Air.
Les problèmes sautent aux yeux sans que des solutions puissent être définies. En effet, l'outil industriel est considérablement affaibli par les bombardements tandis que nombre de machines-outils ont été envoyées en Allemagne. De plus, il n'y a encore ni stratégie, ni gamme de produits nouveaux, ni même aucune étude sur le point d'aboutir.
L'équipe Weill a tôt fait de constater que Snecma a tout simplement cinq ans de retard en matière de technique. De plus, il lui faudra certainement déployer des efforts considérables pour créer la cohésion puis une culture d'entreprise homogène au sein d'un ensemble formé dans des circonstances pour le moins ingrates. En d'autres termes, tout est à reconstruire, dans une société forte de 14 500 personnes environ au moment de sa création.

En région parisienne

Les principaux sites industriels, tous en région parisienne, Argenteuil, Billancourt, Gennevilliers et Kellermann (c'est-à-dire, pour ce dernier, dans Paris *intra-muros*), constituent autant d'évocations du passé, d'entreprises qui ont connu une grande notoriété. Cette constatation contribue d'ailleurs à expliquer la difficulté à réussir l'indispensable opération de rationalisation.

Une vue aérienne permet de bien situer l'emplacement de ces grands bâtiments, aujourd'hui disparus.

La création du site d'Argenteuil remonte à 1907, année de mise en place de la production de matériel automobile de la société Lorraine, laquelle avait repris Dietrich, un spécialiste du ferroviaire. En 1930, c'est sur ce même site qu'apparaît la Société générale aéronautique qui regroupe notamment la Lorraine, CAMS et Hanriot, cela de manière éphémère.
En effet, elle est dissoute quatre ans plus tard, seule la Lorraine restant sur place (Société des moteurs et automobiles Lorraine) et étant nationalisée en 1937 pour devenir la SNCM, Société nationale de construction de moteurs. Quatre ans plus tard, alors qu'elle a été rebaptisée Société générale de moteurs d'aviation, elle passe sous le contrôle de Gnome & Rhône, prélude à son inclusion dans Snecma. Le site d'Argenteuil a été fermé en août 1949.
Les origines du site de Billancourt sont encore plus anciennes. En effet, c'est en 1898 que Louis Renault s'y est installé et en 1907 qu'il a créé Renault Aviation, fusionnée en 1938 avec Caudron. L'activité avions de Renault s'arrête avec la fin de la guerre tandis que la branche moteurs, tout d'abord appelée Ateliers aéronautiques de l'air, est englobée dans Snecma. Le site de Billancourt, 23 400 m^2, est spécialisé dans la maintenance et la réparation, en liaison directe avec les bancs d'essais et de réception de Melun-Villaroche.
Ce site a joué un rôle d'importance considérable, s'affichant dès 1947 comme le centre d'essais le plus important d'Europe réunissant les industriels aéronautiques de l'ensemble de la région

Trois moteurs de Gnome & Rhône de l'entre-deux-guerres, les 14K, 14N et 9J en étoile. Ils illustrent le savoir-faire des années 1930, avec des puissances qui ont progressivement atteint 1 000 chevaux-vapeur. Ils ont propulsé de nombreux types d'appareils, notamment les Lioré et Olivier 45, Bloch 174 et 210, Amiot 354, Potez 63 et la série des Breguet 690.

parisienne. En un premier temps, Snecma avait installé ses essais en vol à Villacoublay. Melun-Villaroche a ensuite donné à ce service important un cadre de travail plus approprié en même temps qu'une base efficace pour les techniciens et pilotes de la société et leurs nombreux types d'avions, du SNCASE Armagnac et SO-30 à la longue lignée des Mystère et Mirage.
Gennevilliers est le berceau des activités des frères Seguin et des moteurs Gnome qui, très tôt en 1905, bénéficient d'une grande notoriété, notamment parce qu'ils propulsent des avions de Béchereau, Blériot, Deperdussin et Morane. Le nom Gnome (sans accent) résulte de la francisation de Gnom, appellation d'un propulseur de Motorenfabrik Oberursel produit sous licence par Louis et Laurent Seguin.
Le Rhône apparaît sous l'impulsion de Louis Verdet en 1912. Il a installé son usine boulevard Kellermann, à Paris, à proximité de la porte d'Italie. Gnome et Le Rhône, tout d'abord concurrents, décident de s'allier, fusionnent en 1915 et produisent un nombre imposant de moteurs pendant la guerre 1914-1918.
Dans la configuration Snecma, Gennevilliers a pour vocation première la forge et la fonderie, traitant aluminium, acier, magnésium et alliages réfractaires.
Après la mise en place de Gnome & Rhône, c'est le site parisien qui joue le rôle de figure de proue. Peu à peu « Kellermann » va continuer de s'inscrire dans les annales de l'industrie aéronautique, jouant une place de premier plan qui va s'étendre sur plusieurs décennies. Il ne sera fermé, en effet, qu'après la mise en place des nouvelles usines de Corbeil de Snecma, terminées dans les années 1960.
Kellermann mérite une attention particulière. Cette usine était l'une des plus anciennes, sans doute la plus originale de par sa localisation dans Paris et probablement la plus difficile à gérer. Née dans des conditions modestes en 1912, elle avait été agrandie et modifiée à maintes reprises, sur plusieurs niveaux, au point de totaliser quelque 88 000 m², 4 000 personnes et un millier de machines-outils. Détail remarquable, elle était dotée d'une section blindée.
C'est à Kellermann que sera installée la production des versions successives de l'Atar, depuis le tout premier 101 à l'ultime 9K50. Ses ateliers ont également vu naître le moteur-fusée Vexin et des éléments de missiles sol-air Hawk.
Au moment de la mise en place de Snecma, il est quasi exclusivement question de « reconversion », sachant que la jeune entreprise doit se construire un avenir sur des bases entièrement nouvelles. Dans le même temps, il lui faut trouver les moyens d'assurer le quotidien, c'est-à-dire d'occuper au mieux son personnel. C'est ce qui explique la poursuite de la production de moteurs à pistons de divers types (Régnier 4LO, Renault 6Q, Gnome & Rhône 14N) et, dans le

même temps, la recherche d'activités non aéronautiques. Ainsi, Gennevilliers entreprend la maintenance et la réparation de moteurs de chars américains et des fabrications quelque peu inattendues, comme des cocottes. Des motos ont par ailleurs été produites à Gennevilliers, et cela jusqu'en 1958.

Ce n'est pas suffisant. Aussi des initiatives plus ambitieuses sont-elles envisagées, conduisant à la conception et à la production d'un tracteur. Il est réputé solide mais, paradoxalement, trop peu puissant, et les ventes se révèlent décevantes. Le vrai problème qui est posé – nous allons y revenir – est de définir une stratégie qui permette à la Snecma d'aborder de plain-pied une ère nouvelle, celle de la propulsion à réaction. Ce sera la filière Atar.

Au plan strictement industriel, à sa création, la société a accolé les moyens quelque peu hétéroclites dont elle a hérité. Elle va ensuite organiser, harmoniser, unifier, tout d'abord en mettant en place des services centraux couvrant méthodes, outillages, entretien, etc. En un deuxième temps, la direction va progressivement élaguer.

En trois ans, Snecma va perdre près de 10 000 personnes et, au point le plus bas, en 1950, elle n'en occupera guère plus de 6 600. Cette période difficile est suivie de jours meilleurs à l'orée des années 1950. Le turboréacteur Atar devient à cette époque une réalité industrielle, le Bristol Hercules produit sous licence à Billancourt génère une charge importante et le redressement s'opère.

La modernisation de l'outil industriel est illustrée par un parc de machines-outils de nouvelle génération, l'arrivée des premiers ordinateurs et la signature d'un accord-cadre avec Pratt & Whitney.

Nouveau départ

Pas à pas, Snecma prend vigueur en même temps qu'elle multiplie les initiatives, par exemple la création d'une division atomique, la mise en place d'une direction technique et d'un département électronique.

Elecma, installée à Suresnes, est née en 1957, sous la forme d'un laboratoire qui a pris rang de division quatre ans plus tard. Elle s'est consacrée à la régulation, d'une part, aux équipements, d'autre part, notamment antennes et simulateurs.

La division atomique est créée pour se pencher sur le long terme en même temps qu'elle s'efforce de trouver des débouchés dans le domaine nucléaire. Sa création, en 1956, correspond par ailleurs à l'époque où il est envisagé de développer des avions à propulsion nucléaire, formule pour le moins audacieuse qui fait l'objet de recherches importantes aux États-Unis et en URSS.

Beaucoup plus tard, on apprendra, non sans surprise, que la France n'a pas été absente de cette réflexion novatrice. Ainsi, Sud-Aviation, dans le cadre du développement de Super Caravelle (l'un des ancêtres de Concorde) a esquissé un long-courrier supersonique propulsé par une pile nucléaire. Un tel appareil, dûment militarisé, aurait trouvé sa place au cœur des forces de dissuasion, complétant ainsi par le haut le Mirage IV.

Si la division atomique de Snecma est ainsi amenée à travailler dans un cadre de strict secret-défense, elle collabore plus ouvertement avec le Centre d'études atomiques, Électricité de France et Euratom. Ses ingénieurs se consacrent notamment au développement de soufflantes utilisées pour la circulation des gaz de refroidissement des piles atomiques ainsi qu'à des pompes dites à ultravide.

Le département électronique a été mis en place par la direction technique dès 1957. Il est bientôt doté d'un ordinateur IBM 650, installé à Suresnes, un investissement qui témoigne de la volonté de la société de se hisser au niveau des plus grands du secteur.

Au moment de sa mise en place, Snecma suit deux voies parallèles, qui se veulent complémentaires. Sur la lancée de Gnome & Rhône, elle produit des moteurs à pistons qui, pour les plus puissants, atteignent 1 100 et 1 300 CV, et vise les 3 000 CV avec un projet baptisé 28T, un 28 cylindres en quadruple étoile qui ne manque pas d'audace. Suit, sur les planches à dessin tout au moins, le 36T prévu pour donner 4 100 CV.

Un projet de 1939, le 18R (2 400 CV) est repris, une manière de confirmer qu'il est décidément bien difficile d'effacer l'hiatus de la guerre. De fait, les premiers moteurs à pistons de Snecma sont inspirés des productions Gnome & Rhône de la fin des années 1930.

Ces moteurs correspondent à une demande, à des marchés de l'État. Il s'agit de propulser les premiers avions français de l'après-guerre, Breguet 761, Bloch 161, SO30, Nord 2501, Morane-Saulnier MS472 et 474, etc.

D'autres types de moteurs sont produits au cours de cette phase de redémarrage, à commencer par le BMW 132Z, un 9 cylindres en étoile de 725 CV, déjà sorti en série pendant les hostilités pour propulser le Junkers Ju-52. La série en est relancée et se poursuit jusqu'en 1949.
De même, l'Argus AS411 de 570 CV que Renault produisait sous l'Occupation, rebaptisé Renault-Snecma 12S, connaît une nouvelle vie pour équiper les NC701 et Sipa 11 et 12. D'autres moteurs Renault et Régnier sont également relancés tandis que le bureau d'études, à peine 80 personnes au moment de la constitution de la société, est considérablement étoffé. Cette croissance est d'autant plus nécessaire que pour assurer un plan de charge immédiat, une opération de diversification est lancée. Outre les tracteurs, elle porte sur des vélomoteurs et des motocyclettes.
La deuxième filière, considérablement plus importante pour l'avenir, est celle dite des turbomachines. Ce sera l'Atar du « groupe O », sur lequel nous revenons dans les pages qui suivent.
Des travaux sur la propulsion à réaction avaient été menés à bien en France, avant-guerre mais, curieusement, ils étaient le fait d'entreprises dont la propulsion aéronautique n'était pas la vocation première, Rateau et une filiale de la Compagnie électromécanique.
En 1948, sous l'autorité de Raymond Marchal, Michel Garnier, ingénieur en chef de Snecma, met en place un groupe de travail chargé d'explorer la conception de turbomachines, et cela en faisant appel aux brevets Rateau-Anxionnaz. Bientôt, sont esquissés des projets concrets, notamment un turboréacteur double flux à soufflante arrière de 3 280 kgp, rapidement abandonné par manque de financement.
Le même bureau d'études envisage ensuite un gros turbopropulseur de 5 000 CV, le TA1000, qui aurait permis de propulser un long-courrier transatlantique, puis le TB1000 de 1 500 CV, poursuivi jusqu'au début des années 1950 mais lui aussi abandonné faute de moyens adéquats, les services officiels choisissant de concentrer tous leurs efforts sur la propulsion militaire. C'est ainsi que s'est construite la filière Atar qui, bientôt, est devenue la clef de voûte de Snecma.
Ces développements témoignent d'un grand dynamisme, d'imagination et, dans certains cas, d'une grande audace. Témoin ce C400 « Atar Volant », suivi de l'étonnant Coléoptère, une exploration du vol vertical qui, de manière éphémère, fait aussi de Snecma un avionneur. Le

Le SO9000 Trident, à propulsion combinée, deux turboréacteurs Turbomeca Marboré II et trois moteurs-fusées SEPR, a volé en 1954. Il a atteint Mach 1,55 à 15 000 mètres d'altitude.

Une formation exceptionnelle d'avions de combat de l'armée de l'air : de gauche à droite, Sepecat Jaguar (deux Rolls-Royce/Turbomeca Adour), Mirage F1 (un Atar 9K50), Mirage 2000 (un M53) et Mirage IV (deux Atar 9K). En page de droite, l'étonnant prototype du Coléoptère (Atar 101) qui se voulait la préfiguration d'un chasseur à décollage vertical basé sur l'expérience acquise grâce à l'Atar Volant.

pilote d'essais Auguste Morel, qui n'a pas froid aux yeux, fait décoller l'Atar Volant en mars 1957 et, quelques semaines plus tard, dans un vacarme assourdissant, on voit évoluer cet engin inclassable au Salon du Bourget. Le 11 mai 1959, c'est au tour du prototype Coléoptère de voler à Melun-Villaroche. C'est l'époque où la formule ADAV-VTOL (aéronef à décollage et atterrissage verticaux-Vertical Take-Off and Landing Aircraft) bénéficie des faveurs des états-majors et des stratèges de l'OTAN. Avec les démonstrateurs Balzac et Mirage V, d'une part, les travaux novateurs de Snecma, d'autre part, la France est dans la course. Ces idées feront bientôt long feu mais auront au moins le mérite d'illustrer le grand dynamisme des bureaux d'études.

Au moment où elle fête ses 20 ans, Snecma affiche tout à la fois un bilan plutôt enviable et des interrogations sur son avenir. À l'aube de l'année 1966, non moins de 2 500 Atar ont été produits et un accord que l'on croit prometteur avec Pratt & Whitney a donné naissance au TF306 destiné à des Mirage de nouvelle génération.

Au même moment, Snecma s'efforce d'imposer le M45G qu'elle a développé avec Bristol Siddeley, partenaire britannique d'autant plus important qu'il est son compagnon de route dans le cadre de Concorde. La version civile M45H doit propulser l'avion régional allemand VFW614 et contribuer au développement des activités civiles de la société.

Pour atteindre cet objectif et mieux équilibrer les activités de l'ensemble de la société, Concorde est important. L'accord avec le Royaume-Uni de novembre 1962, qui a permis de lancer le transport supersonique, commence alors à se traduire dans les faits. Des espoirs considérables reposent sur ce programme et la mise en production prochaine de l'Olympus 593 annonce un plan de charge important qui justifie la construction de la nouvelle usine de Corbeil. C'est une ère nouvelle qui s'annonce.

Dans les pages qui suivent, nous en évoquons les grandes lignes, à travers des « familles » de moteurs qui ont pour dénominateur commun une durée de vie exceptionnelle et qui ont permis à Snecma d'être en grande forme au moment d'entrer de plain-pied dans le XXIe siècle.

Le roman de l'Atar

Ce pourrait être un nom de montagne s'élevant dans une contrée lointaine. En réalité, c'est un acronyme oublié, quasiment devenu nom propre, en même temps qu'une aventure technique et industrielle peu banale. La mise au point et la production de l'Atar couvrent plus d'un demi-siècle, accompagnent tous les programmes d'avions de combat français, font intervenir des acteurs inattendus et expliquent les autres succès techniques et industriels qui ont suivi.

Le roman de l'Atar

Le vrai départ de Snecma et l'histoire de l'Atar sont intimement mêlés. Qui plus est, l'histoire du premier moteur à réaction de la société tient du roman d'aventures dans la mesure où elle trouve son origine hors des sentiers battus… et en Allemagne.

Par ailleurs, l'Atar illustre mieux que tout autre programme cette extraordinaire amplitude dans le temps qui n'appartient qu'à l'aéronautique. Les premières études de son ancêtre remontent à la veille de la Seconde Guerre mondiale, sa définition et le démarrage de la production deviennent réalité après la fin des hostilités, l'évolution technique du concept se poursuit pendant plusieurs décennies et, au total, quelque 5 000 exemplaires sont produits pour équiper les avions de combat de Dassault : Mirage III, 5, 50 et F1, Étendard et Super Étendard.

Au total, dix-huit versions successives de l'Atar ont été réalisées, dont dix produites en série pour équiper onze types d'avions produits en série et onze appareils expérimentaux. L'Atar a porté les couleurs d'une trentaine de forces aériennes.

Des projets d'applications civiles, bien qu'elles ne se soient finalement pas concrétisées, ont permis à plus d'un bureau d'études, à l'époque du nouveau départ de l'industrie aéronautique française, de procéder à des exercices de style techniques qui ont largement aidé les ingénieurs à reprendre la main.

Cet exposé des faits suffit à justifier que l'on se penche sur l'Atar avec une attention particulière. D'autant que l'Atar ne fait pas encore partie du passé. John Barton, directeur des opérations moteurs matures de Snecma, estime que des pièces de rechange seront fabriquées jusqu'à l'horizon 2025-2030. Bien entendu, ce sont les dernières forces aériennes utilisatrices qui en décideront et, de ce fait, la prévision constitue un exercice difficile. Reste le fait que 1 000 Atar environ sont toujours opérationnels dans de nombreux pays. À noter également que certains clients, comme le Maroc par exemple, ont décidé en 2006 de moderniser leur flotte Mirage F1 et de rénover leurs moteurs Atar. La liste des utilisateurs, elle-même, n'est pas figée, certains Mirage ayant changé de mains.

L'Atar reste un programme à part entière de Snecma, avec ses équipes techniques dédiées et des visites régulières au client. Bien sûr, aucune

En page précédente, l'Atar Volant, étudié à partir de 1952, dont le premier vol a eu lieu cinq ans plus tard, à Melun-Villaroche. Il a ensuite donné naissance au Coléoptère. Ci-contre, le Dassault Mystère IVA a effectué son premier vol en septembre 1952, propulsé par un Rolls-Royce Tay fourni par Hispano-Suiza. Peu après, la version IVB a été équipée d'un Atar 101.

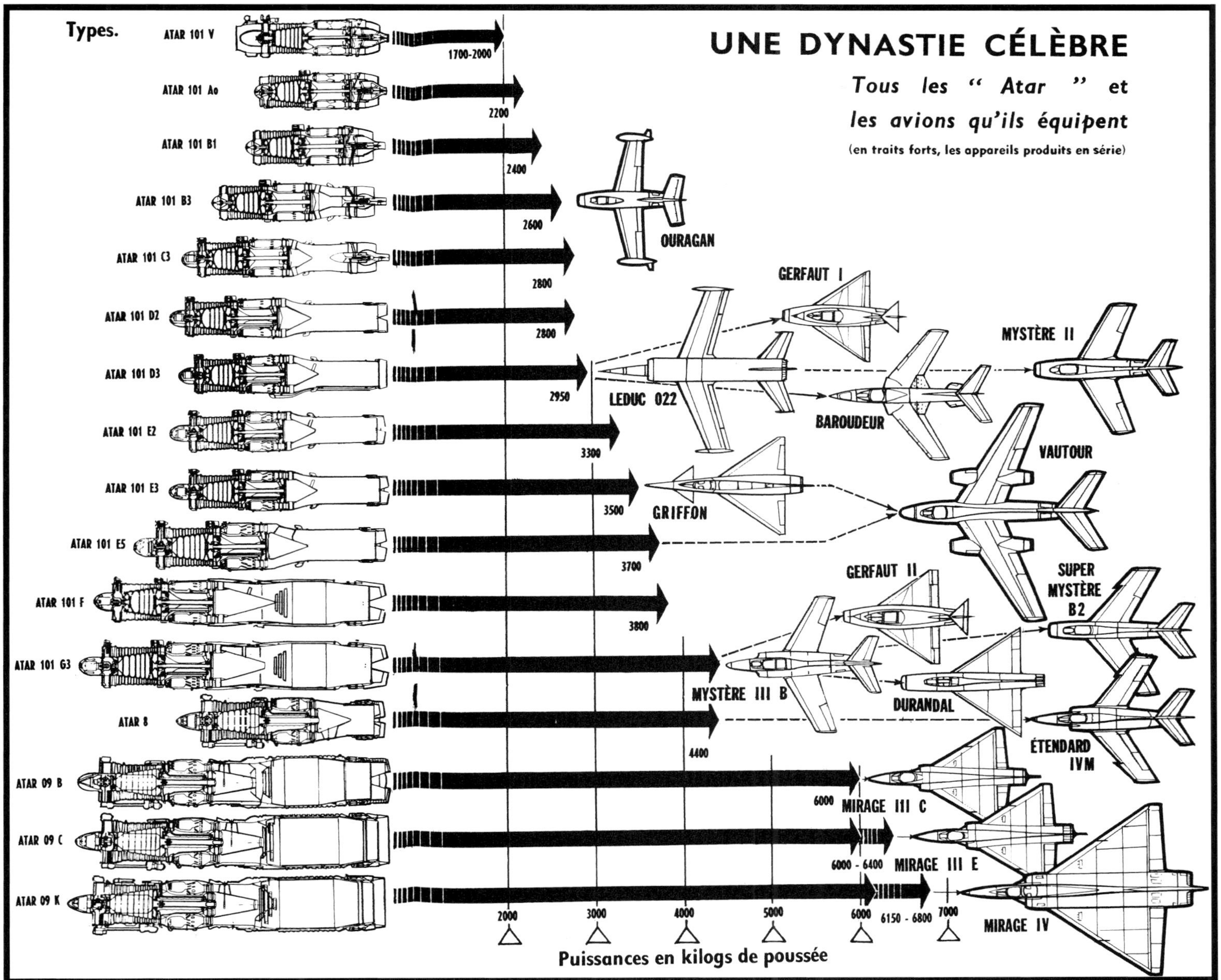

version nouvelle n'a été envisagée depuis la variante baptisée « Atar Plus », qui remonte aux années 1990, mais un travail d'analyse du vieillissement en service se poursuit avec une belle régularité. C'est, souvent, un travail d'orfèvre dans la mesure où, de temps à autre, arrivent des commandes de pièces qui n'ont plus été fabriquées depuis dix ou quinze ans. D'où l'importance de maintenir précieusement le savoir-faire, un travail qui explique que les ateliers de Snecma comptent dans leurs rangs de véritables passionnés de l'Atar. Ils ne sont jamais à l'abri de la découverte de problèmes nouveaux, même cinquante ans après l'entrée en service du tout premier moteur !

Du point de vue de la révision générale de l'Atar, celle-ci n'est plus du ressort de Snecma Services mais relève de l'Atelier industriel aéronautique de Bordeaux pour ce qui concerne les moteurs de la flotte française. Il n'en demeure pas moins que l'Atar est toujours bel et bien présent chez Snecma et n'est pas encore près de devenir une pièce de musée.

Le groupe « O »

Snecma et Atar sont totalement indissociables, de même que tous deux sont liés de manière indélébile à Hermann Oestrich, « père » de ce moteur. L'ingénieur allemand, naturalisé français en mai 1948, occupe une place particulière, et pour le moins originale, dans la naissance et l'essor du moteur à réaction.

Rien ne prédestinait Hermann Oestrich à une carrière française. Né en 1903, l'année du premier vol des frères Wright, l'ingénieur avait rejoint à 25 ans le Deutsche Versuchsanstalt für Luftfahrt de Göttingen. Attiré par les techniques nouvelles, très rapidement, il se penche une première fois sur le principe de la propulsion par réaction mais, avec ses collègues, il a tôt fait de conclure que le rendement d'un moteur basé sur ce principe ne serait pas acceptable aux vitesses jugées normales pour l'époque. Tout au contraire, il faudrait voler à plus de 600 kilomètres/heure pour trouver un intérêt à cette formule. Ce qui suffit à justifier un renoncement pur et simple.

En 1966, l'arbre généalogique de la famille Atar est riche de nombreuses versions, comme en témoigne ce document publié à l'époque par *Aviation Magazine*. La progression des puissances est impressionnante.

Hermann Oestrich.

En 1935, Oestrich quitte le DVL pour rejoindre Siemens, entreprise qui, entre autres activités, étudie des turbocompresseurs. Plus tard, ces travaux lui seront utiles, note Bernard Devôge, ingénieur entré à la direction technique de Snecma en 1957 et qui a retracé avec attention et curiosité les débuts de la carrière de son collègue allemand.
Pour replacer les origines lointaines de l'Atar dans leur juste contexte historique, il convient d'abord de rappeler que des travaux français, allemands et britanniques ont évolué, dans les années 1930, selon des voies parallèles mais il n'y a donc pas eu d'échanges d'idées et moins encore de transferts de connaissances. Frank Whittle et sa société Power Jets (plus tard associés à General Electric) n'ont pas eu connaissance des travaux menés outre-Rhin. Tout au plus ont-ils entendu dire qu'un certain Hans Pabst von Ohain étudiait lui aussi des turbocompresseurs, précisément dans le cadre du DVL. De même, Allemands et Britanniques n'ont pas eu connaissance des études entreprises chez Rateau par René Anxionnaz et qui ont abouti plus tard chez Snecma. Cette dernière obtiendra en effet, en 1946, le droit d'exploiter les brevets déposés avant la guerre et entreprendra ainsi l'étude, sous la responsabilité de Michel Garnier et sous l'autorité de Raymond Marchal, directeur technique, de plusieurs avant-projets, notamment un turboréacteur de 2 380 kgp et un gros turbopropulseur.
Bernard Devôge cite également les travaux de Lavaud et Brunet (un prototype de 100 kgp) et ceux de la Compagnie électromagnétique, ces différents chercheurs évoluant de manière isolée.
En 1936, von Ohain a été recruté par Ernst Heinkel, initiative qui a suscité une accélération des travaux, la réalisation rapide d'un démonstrateur et, à la mi-1939, l'apparition du He-178, petit monoréacteur doté d'un turboréacteur de 600 kgp. Cette réalisation et les essais en vol de ce jet constituaient une première mondiale de grande importance.
La branche de Siemens où travaille Oestrich est rachetée par Brandenburgische Motoren Werke, appelée Bramo ou BMW en abrégé. Sans doute inspirée par l'exemple de Heinkel, elle entre en scène et obtient un contrat de développement d'un turboréacteur d'environ 600 kgp, le BMW003. Cette étude est placée sous la responsabilité d'Oestrich qui détermine l'architecture de ce moteur basée sur un compresseur axial à six étages, une turbine à un étage, des aubes creuses et refroidies et une chambre de combustion annulaire. Ce 003 tourne pour la première fois au banc en février 1941, donne tout au plus 150 kgp mais, au fil des développements, à la mi-1942, il atteint 550 kgp. Une version améliorée, dotée d'un nouveau compresseur, est alors étudiée et, bientôt, il est question de production en série à plusieurs milliers d'exemplaires pour équiper le bimoteur à aile haute Arado Ar-234 (900 kilomètres/heure) et le Heinkel He-162 Salamander. L'objectif industriel ne sera pas tenu et 750 BMW003 seulement seront produits avant la capitulation allemande.
L'équipe qui s'est constituée autour d'Oestrich a rapidement maîtrisé son sujet et, bientôt, d'autres projets sensiblement plus ambitieux ont vu le jour. Ainsi, l'appellation BMW018 correspond à un turboréacteur de 3 450 kgp tandis qu'un gros turbopropulseur de 5 400 CV est envisagé sur la base du même cœur, le BMW028.
Pour aller à l'essentiel, on peut affirmer que le BMW003 est le seul des turboréacteurs étudiés en Europe continentale avant et pendant la guerre qui a eu une descendance. Et quelle descendance ! Si ses origines lointaines se trouvent chez Siemens et BMW, c'est en France que le turboréacteur imaginé outre-Rhin va connaître son véritable envol. Au printemps 1945, les Alliés ont entrepris une chasse effrénée aux cerveaux allemands, et cela plus particulièrement dans les domaines de l'aéronautique et du moteur-fusée. Ils cherchent tout à la fois à faire main basse sur des avancées technologiques de première importance et à fermer les portes de l'URSS à ce précieux savoir-faire.
C'est ainsi que les États-Unis mettent en place l'ambitieuse opération Paperclip qui leur permet de rabattre vers ses grands bureaux d'études d'importants travaux sur les fusées (ils récupèrent l'essentiel de l'équipe de Wernher von Braun et Walter Dornberger) ou encore le vol à grande vitesse.
Cette clairvoyance n'est pas l'apanage des Américains. Britanniques et Français en font autant, mais plus discrètement. À l'heure de l'armistice, Hermann Oestrich et sa garde rapprochée se retrouvent en zone américaine, ce qui ne correspond pas vraiment à leurs aspirations. Les envoyés de Paperclip leur ont déjà fait des propositions quand Oestrich entre en contact avec les autorités françaises.

Le prototype Mystère de Dassault, propulsé par un Tay. Hispano-Suiza a rejoint le groupe Snecma beaucoup plus tard.

D'après Pierre André, ingénieur Snecma qui a méticuleusement retracé ces événements, les premiers entretiens d'Oestrich avec les officiels français ont été conduits par Guy du Merle, ingénieur et pilote d'essais qui venait d'être nommé directeur de la Section technique de l'aéronautique (STAé). Il était accompagné, notamment, de Noël Daum, ingénieur au Centre d'essais en vol (CEV), secrétaire général de la commission d'armistice économique et chef de la section du même STAé.

La proposition tient en peu de mots : développer et mettre au point pour Snecma un turboréacteur de 2 000 kgp environ, sur base d'un contrat de cinq ans, Oestrich ayant la possibilité d'aborder cette nouvelle vie avec environ 120 personnes de son ancienne équipe BMW. La négociation est rude mais rondement menée, l'ingénieur allemand, conscient de sa valeur et de la qualité de ce qu'il pouvait offrir, prenant le soin de défendre ses intérêts. C'était, si l'on ose dire, de bonne guerre.

L'accord étant conclu (mais signé plus tard, le 25 avril 1946), et cela à l'insu des Américains, encore s'agit-il de permettre aux ingénieurs allemands de se mettre au travail dans de bonnes conditions, sans heurter les susceptibilités, et en tenant compte des nombreux problèmes pratiques propres à cet accord.

En un premier temps, la décision est prise en haut lieu de laisser l'équipe Oestrich en Allemagne. Cette manière de faire simplifie l'intendance en même temps qu'elle évite des transferts délicats et les problèmes familiaux qui pourraient en résulter. Le choix se porte sur une ancienne usine Dornier située à Rickenbach, sur le lac de Constance, non loin de Lindau, en zone française de l'Allemagne occupée.

Cette nouvelle annexe délocalisée du bureau d'études de Snecma est sobrement baptisée Atelier technique et aéronautique de Rickenbach. Une appellation neutre, qui n'évoque en rien les travaux novateurs qui vont y être conduits. Très rapidement, l'usage du sigle AtAR s'impose, il devient tout naturellement Atar et sert ensuite de nom de baptême au moteur qui y est conçu.

L'installation du « groupe O » est conduite par l'ingénieur général Delbègue (DTI, direction technique et industrielle) et le capitaine Mahoudeau (armée de l'Air), détaché auprès de la « mission de récupération », pour reprendre la terminologie officielle du moment. Charles Tillon, ministre de l'Air, nomme ensuite Delbègue directeur de l'AtAR. L'AtAR, précise le contrat, a le statut d'atelier d'État, créé à Rickenbach mais pouvant être transféré en France. Il relève d'un accord conclu entre Hermann Oestrich (constamment appelé docteur Oestrich) et l'État français représenté par le directeur de la DTI . Son objet tient en une seule ligne : « Assurer à l'État français la collaboration du groupe O pour l'étude de turboréacteurs et turbopropulseurs. » Oestrich est nommé directeur technique et, en qualité d'ingénieur en chef, prend la direction des études, de la fabrication et des essais. Bien qu'il ne compte pas plus de cinq pages et demie dactylographiées, le contrat est précis et montre la volonté de chacune des deux parties de défendre ses intérêts, qu'il s'agisse de la propriété des études, des brevets qui seront déposés ou encore des « droits de reproduction » versés au groupe O pour chaque moteur de série produit.

En avril 1946, le contrôle interallié décide d'arrêter toutes les activités d'armement sur le territoire allemand. Ce qui signifie que le groupe O doit prendre la direction de la France, ce qui n'est pas aussi simple qu'il n'y paraît à première vue. Des problèmes se posent, pratiques, juridiques, psychologiques. On imagine difficilement que 120 ingénieurs allemands s'installent du jour au lendemain dans les murs de Snecma. De plus, cette dernière est tenue de respecter les accords

qui la lient à Rateau et, de ce fait, il y a là un nouvel obstacle à franchir. La solution : le groupe O ne rejoint pas Snecma mais l'une de ses filiales qui n'est autre que la Société des aéroplanes Voisin que préside alors Marcel Weill.
C'est ainsi que le groupe O se retrouve sur les bords de la Loire, à Décize, au nord de Vichy. Ce chef-lieu de canton de la Nièvre de 6 000 habitants entre de plain-pied dans l'histoire de l'aéronautique française. Et, avec surprise et méfiance, accueille un nombre important de citoyens allemands qui se consacrent à des travaux très secrets…

Premières réalisations

Malgré ces vicissitudes, l'équipe Oestrich, impatiente de faire ses preuves, se met rapidement au travail, forte d'une décision immédiate de fabriquer six exemplaires d'un premier moteur. C'était le projet de l'AtAR ou ATAR et ce sera finalement l'Atar. Qui se douterait, à ce moment-là, que l'acronyme va devenir nom propre ? Et qu'il va vivre pendant soixante-dix ans ?
D'après les informations confiées par Pierre André au Centre des hautes études de l'armement (Comaéro), l'atelier prototypes de Snecma Kellermann reçoit dès février 1946 les premiers dessins du groupe O et, en juin, la liasse de plans est complète, permettant le début de l'usinage des pièces.
Il s'agit d'une rupture technologique pour des équipes qui, par la force des choses, n'ont jamais fabriqué de turboréacteurs. De plus, le parc de machines-outils n'est pas adapté à ce travail, à commencer par l'absence de tours verticaux. Peu à peu, des moyens adéquats sont mis en place et un tempo plus rapide peut être adopté.
Le tout premier Atar, qui vise 1 700 kgp pour une masse de 850 kilos, est conçu en donnant la priorité à la simplicité, à un diamètre réduit, caractéristique qui indique qu'il ne s'agit pas d'un simple démonstrateur mais bien de la préfiguration d'un moteur destiné à être produit en série. De ce fait, le groupe O a opté pour un compresseur axial de sept étages, rapport de pression 4:1. La chambre de combustion annulaire – une innovation – comporte 20 brûleurs et buses de mélange.
La turbine à un seul étage est caractérisée par des aubes creuses et refroidies et une température d'entrée de turbine (TET) de 700 ou 800 °C. Le concept des aubes refroidies avait été appliqué au BMW003 pour contourner l'impossibilité de disposer d'alliages à base de nickel capables de résister à des températures très élevées. Une manière comme une autre de rappeler que les progrès technologiques suivent parfois un cheminement inattendu.

ATAR 101

POUSSEE : 1700 kgp

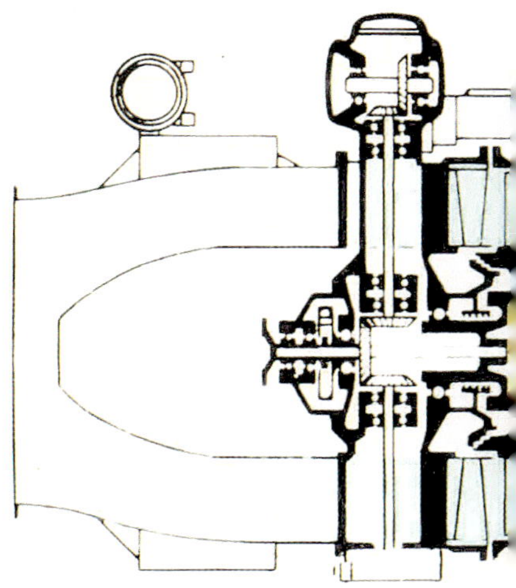

L'Atar 101V, point de départ d'une lignée prolifique. On voit ici la configuration de la version initiale de 1 700 kgp, qui a beaucoup évolué au fil des années.

PROTOTYPE 101 V1 EN ESSAIS AU BANC

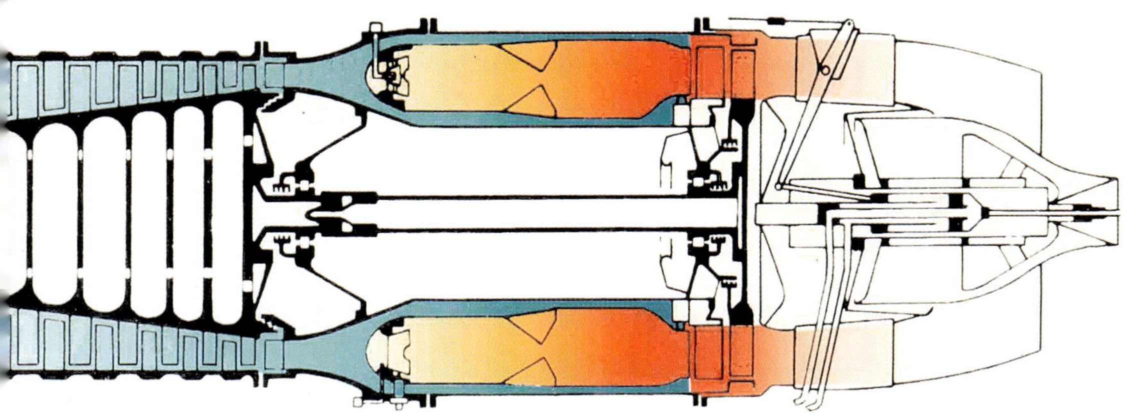

La tuyère est à section variable, la ligne d'arbre à rotule sur trois paliers. En matière d'alliages, précisément, la France, moins de deux ans après la fin de la guerre, n'est pas encore remise à niveau, ce qui complique les travaux et notamment la réalisation des aubes réfractaires.
Ce premier moteur reçoit l'appellation ATAR 101 V1. Le nom, à ce moment-là, s'écrit encore en majuscules, « 101 » permet d'augurer une suite tandis que « V1 » est une réminiscence de la manière traditionnelle de faire des Allemands. Les prototypes successifs recevaient habituellement les désignations V1, V2, V3, etc.
L'Atar 101 V1 tourne pour la première fois au banc le 12 mars 1948, à Villaroche, atteint 1 700 kgp dès le mois suivant puis est testé en vol sur B-26G

Les débuts de l'Atar. D'entrée, les prototypes ont bien fonctionné et les événements ont confirmé le bien-fondé de l'architecture du moteur. À DROITE, le Coléoptère, conçu dans les années 1950, à une époque où le décollage vertical bénéficiait de toutes les attentions.

Marauder à partir d'octobre. À noter au passage, sans que les événements soient liés, qu'Hermann Oestrich est naturalisé français à ce moment, par décret daté du 16 mai 1948.

En un peu plus d'un an et demi, les six prototypes de l'Atar 101 se succèdent et accumulent plus de 800 heures de fonctionnement, dont 350 heures environ pour le seul V1. Les résultats sont concluants et constituent un sujet de grande satisfaction pour toutes les parties concernées, services officiels, Snecma et, bien sûr, l'ensemble des membres du groupe O.

Ce *satisfecit* est d'autant plus justifié qu'il met en scène un turboréacteur qui fait appel à une technologie entièrement nouvelle, à commencer par des aubes refroidies d'autant plus délicates à fabriquer qu'elles utilisent un alliage de 0,8 millimètre d'épaisseur. Suivra une aube pleine, grâce à Aubert & Duval qui mettra au point, dès 1950, un nouvel alliage réfractaire composé de nickel et chrome et renforcé d'éléments durcissants. Elle constitue l'une des avancées qui vont permettre d'aller rapidement à 2 200 kgp. C'est aussi un symbole des progrès accomplis et la preuve concrète que le groupe O permet à Snecma de combler très rapidement son retard et de se hisser au niveau des autres grands motoristes moins de cinq ans après la fin de la guerre. Et cela bien que les problèmes à résoudre, de tous ordres, soient nombreux.

Vient ensuite, décidée dès 1949, une présérie de dix Atar 101A qui incorporent les nombreuses améliorations nées de la phase prototypes, par exemple l'utilisation de brûleurs en étoile et d'un démarreur électrique.

Dans les premières semaines de 1951, un Atar 101A réalise sans difficultés un test d'endurance de 150 heures au Centre d'essais des propulseurs de Saclay, confirmant qu'il est possible de passer aux étapes suivantes sans plus attendre.

Les circonstances, au-delà de ces succès techniques, ne sont pourtant pas toujours faciles, tout au moins du point de vue d'Oestrich et de ses collaborateurs. Ainsi, la décision est prise le 9 mai 1950 d'intégrer le groupe O dans Snecma, ce qui revient à résilier le contrat initial. Il est remplacé par un département au sein de la société, opération officialisée le 5 juin 1950 en même temps qu'est licenciée une soixantaine de membres de l'équipe originelle.

Dans les mois qui suivent, le 101B devient réalité, marqué par de nouvelles améliorations, à commencer par une poussée portée à 2 400 kgp (avec un essai réussi à 2 800 kgp) pour une masse limitée à 900 kilos. En mars 1951, le 101B2 est qualifié à 2 600 kgp, le cap des 3 000 kgp est franchi et une première commande de série est notifiée à Snecma. Elle porte sur un lot de 50 moteurs destinés à une nouvelle variante du chasseur Ouragan de Dassault et au Mystère II.

D'une certaine manière, on peut affirmer que chacun a rempli son contrat, la France disposant d'un turboréacteur militaire fiable suffisamment puissant pour équiper des avions de combat de

conception nationale. La satisfaction est générale, mais sans triomphalisme, sans que l'on puisse deviner pour autant qu'un avenir exceptionnel s'ouvre à l'Atar.

En grande série

La phase de développement de l'Atar va se poursuivre au fil des versions successives du moteur. Mais, fin 1951, elle franchit une étape décisive avec le début de la production en série. L'Atar va accompagner les programmes les plus importants, en même temps qu'il va permettre à plusieurs bureaux d'études d'envisager des avant-projets civils sans faire systématiquement appel à une motorisation étrangère.

C'est le cas du Latécoère 800, triréacteur à 65 places qui aurait été propulsé par trois Atar 101B ou encore du Dassault 900, de conception similaire. Hurel-Dubois, spécialiste de la voilure à grand allongement, étudie pour sa part des bi- et quadriréacteurs dotés d'Atar, lequel retient également l'attention de la SNCASE pour de premières ébauches de moyen-courriers qui, finalement, conduiront à Caravelle. Cet avion, le seul de ces projets à être lancé, exigeant deux fois 4,5 tonnes de poussée, ira finalement chercher sa motorisation chez Rolls-Royce. Dès lors, il faudra patienter pendant de nombreuses années avant que Snecma ne trouve le moyen de rétablir des activités civiles d'une réelle importance.

Le 101C (2 800 kgp) est commandé à 140 exemplaires pour propulser le Mystère II de Dassault. Il illustre les améliorations constantes qui sont apportées à l'Atar et qui, dans ce cas précis, portent notamment sur la chambre de combustion, les injecteurs et l'allongement du canal d'éjection.

Il est rapidement suivi par le 101D qui, à son tour, fait l'objet de diverses retouches, à commencer par un léger accroissement du diamètre de la turbine. Le rythme de travail est tellement rapide qu'une partie des 101C deviennent des 101D. Au total, 370 exemplaires en sont commandés.

Dès ce moment, on peut affirmer qu'Oestrich et Snecma ont atteint leur objectif, en même temps que se concrétise un vaste effort de modernisation de l'armée de l'Air. Les applications des 101C/D sont diverses dans la mesure où elles concernent plusieurs prototypes (dont celui du SNCASO Vautour) et des avions expérimentaux comme le Nord 1401 Gerfaut, le SE-5000 Baroudeur et, plus tard, le Leduc 022 à statoréacteur.

Marcel Dassault devant un Mystère IV. La collaboration étroite entre le bureau d'études du grand avionneur et celui de Snecma a permis à la France de développer des avions de combat performants, de l'Ouragan au Rafale.

Dassault, qui absorbe l'essentiel de la production, demande constamment davantage de puissance pour répondre aux exigences opérationnelles de l'armée de l'Air. L'étude du 101F à postcombustion (3 800 kgp) a été entamée dès le printemps 1951. Testé sur Mystère II puis monté sur Super Mystère IV B2, alias SMB2, il supporte la comparaison avec le Rolls-Royce Avon, une constatation qui n'est pas tout à fait neutre. Elle confirme, si besoin est, que Snecma est désormais installée au niveau technologique du grand motoriste britannique. C'est une grande satisfaction.

En 1952, de nouvelles voies sont explorées. Il convient, en effet, de ne pas limiter les progrès à une course à la puissance mais aussi de chercher à réduire la masse. C'est le principal objectif de la version 101E, qualifiée initialement à 3 500 kgp, poussée ensuite à 3 700 kgp et produite en grande série (600 exemplaires) pour propulser le Vautour puis les premiers Étendard. Le Nord 2500 Griffon turbo/stato piloté par André Turcat, qui bat plusieurs records en 1958, est doté d'un 101E.

Les années 1950 voient le développement industriel prendre des dimensions nouvelles que reflètent des moyens d'études, d'essais et de production de grande ampleur. Les moyens financiers accordés à l'Atar bénéficient d'une grande constance, laquelle a néanmoins un prix. En effet, c'est désormais le seul moteur militaire soutenu par les autorités de tutelle.

Suivent le 101G (4 400 kgp) qui fait plus que confirmer le bien-fondé de la version précédente. Il illustre la consécration de la lignée en étant retenu pour la série du SMB2, supersonique en palier, de préférence à l'Avon qui avait été choisi précédemment. C'est un aboutissement, la confirmation d'une véritable autonomie de l'industrie française et, de ce fait, une ouverture vers les marchés d'exportation. En 1957, dix-sept Atar sortent d'usine chaque mois.

Une nouvelle manière d'appeler les versions successives de cette famille prolifique apparaît, cette année-là, avec les Atar 8 et 9. Ils résultent du développement d'un nouveau compresseur à neuf étages et d'une turbine à deux étages, de nombreuses améliorations étant par ailleurs apportées à divers composants. L'Atar 8 (4 400 kgp sans PC) est plus particulièrement destiné à l'Étendard IVM de l'Aéronautique navale tandis que l'Atar 9 va construire sa réputation et son avenir grâce au Mirage III.

Snecma maîtrise la notion de technique évolutive et continue de décliner l'Atar de toutes les manières, chaque version correspondant à un nouveau pas en avant. Cette manière de faire est illustrée par le M26, appellation en rupture avec les habitudes et qui cache un démonstrateur très avancé. Il fait appel à une technologie tout acier et d'aubes creuses refroidies en alliage réfractaire moulé et soudé qui permettent d'atteindre une TET de plus de 1 000 °C.

Le M26 tourne au banc en mai 1957 et donne 4 700 kgp sans PC. La version M28, quelques mois plus tard, va à 5 200 kgp et permet d'envisager

La production en série du Mirage F1 (Atar 9K50) a commencé en 1969. Il a connu de nombreux succès à l'exportation.

Le biréacteur Mirage IV a joué un rôle primordial au sein de la Force de dissuasion nucléaire française.
En page de droite, le prototype Mirage 4000, qui n'a pas eu de suite.

d'aller à 7 tonnes de poussée. C'est ainsi que naît le « Super Atar ». Il permet de proposer un moteur de 8 500 kgp avec PC, d'une masse de 1 520 kilos, capable de Mach 3. L'application envisagée : le Nord Super Griffon qui doit pousser plus avant le combiné turbo/stato mais sera abandonné en 1960.
C'est à nouveau chez Dassault que se trouvent les débouchés les plus intéressants. L'Atar 9B équipe le Mirage III dont chacun a tôt fait de comprendre qu'il a un grand avenir devant lui. C'est le début d'une période faste dans la mesure où les succès à l'exportation sont nombreux, parfois géographiquement proches (la Suisse) ou très lointains (l'Australie). Snecma prend, à ce moment, des dimensions résolument internationales.

Le Mirage IV

L'appellation Atar est ancrée profondément dans l'histoire de la société et il serait sacrilège de l'abandonner. C'est la raison pour laquelle la saga continue sous ce seul et même nom, bien que l'Atar 9K, destiné au Mirage IV, n'ait plus grand rapport avec le 101 de la première heure.
La France a décidé de se doter d'une force de dissuasion nucléaire. En prélude aux sous-marins et aux missiles balistiques, la priorité est donnée au SASP, système d'armes stratégiques piloté. Après l'examen de plusieurs projets mis en concurrence, celui de la Générale aéronautique Marcel Dassault est retenu en avril 1957 pour emporter une charge militaire (rarement appelée de son vrai nom) d'une masse d'une tonne et affichant la longueur respectable de 5,50 mètres.
La question de la motorisation est délicate, la première configuration envisagée exigeant de doter le bombardier stratégique Mirage IV de deux Atar 9B puis de moteurs étrangers en raison de l'évolution du projet. D'où la prise en considération de propositions soumises par Bristol Siddeley, Orenda, Pratt & Whitney et Rolls-Royce. Finalement, le 28 décembre 1959, Snecma signe avec Pratt un accord de licence portant sur le J75, d'une part, le JT4D civil, d'autre part. À cette occasion, pour sceller la coopération de longue haleine qui est alors envisagée, United Aircraft, maison mère de Pratt (appelée par la suite United Technologies) prend une participation de 10,9 % dans le capital de Snecma.
Finalement, dans sa définition définitive, le Mirage IV se contentant d'une poussée maximale d'un peu plus de 6 tonnes, il apparaît qu'une motorisation nationale peut quand même être retenue. Une manière comme une autre de décider que ce serait un bi-Atar. Mais quel Atar ? À ce niveau de puissance, c'est évidemment l'Atar 9 qui s'impose, non pas le 9B de 6 000 kgp destiné au départ à la version de série du Mirage III, mais le nouveau 9K, doté de premiers étages de compresseurs transsoniques, jusqu'alors considérés comme expérimentaux. L'appellation 9K apporte une touche d'humour dans un monde très technique : ce « K » signifie « kangourou », allusion au marché australien Mirage III alors en cours de discussion.
Le prototype du Mirage IV effectue son premier vol le 17 juin 1959. L'élégant biréacteur atteint Mach 1,9 dès son quatorzième vol et, ultérieurement, atteint largement Mach 2.
C'est un nouvel avion de Dassault bien né comme ses prédécesseurs et il a valeur de symbole. Il est à 100 % français, motorisation comprise, une caractéristique importante dans la mesure où il constitue la clef de voûte de la force de dissuasion. Replacée dans ce contexte, Snecma tient son rang et elle le doit à la filière Atar qui, décidément, apparaît comme une grande réussite.
Quelques améliorations donnent rapidement naissance au 9C de 6 400 kgp, toujours pour le

L'Atar 9K50, aboutissement de nombreuses années de développement qui ont longtemps fait de ce moteur le fer de lance de Snecma.

Mirage III, en même temps qu'apparaît le 9K de 4 700 kgp à sec et 6 000 kgp avec PC. Ce moteur bisonique tient toutes ses promesses, dans les délais prescrits. Pour qui pourrait en douter, le Mirage IV 01 bat, en septembre, le record du monde de vitesse sur circuit fermé de 1 000 kilomètres à 1 822 kilomètres/heure.

Cette actualité chargée, ces succès techniques répétés, la consécration de la production en grande série ont failli occulter un événement interne qui marque un changement d'époque : le 30 septembre 1960, Hermann Oestrich (qui était titularisé de longue date directeur technique) quitte Snecma, avec, pourrait-on dire, les félicitations du jury et des remerciements unanimes. Henri Desbruères, le P-DG de la société, lui rend un hommage appuyé et le remplace par Michel Garnier. Bien sûr, s'il est de notoriété publique que les relations entre Oestrich et son employeur ont parfois été tendues, les uns et les autres réalisent tardivement qu'ils connaissent bien les grandes qualités de l'ingénieur mais ne savent pas grand-chose de l'homme. Ce mystère, dans la mesure où c'en est un, n'a d'ailleurs pas été percé depuis lors.

Avant-dernier acte

L'Atar est en pleine forme, au faîte de ses promesses techniques, produit à un rythme soutenu, au moment où il fête son quinzième anniversaire. Mieux, outre les succès à l'exportation enregistrés par les Mirage (et qui vont continuer), il est investi d'un rôle primordial au sein de l'armée de l'Air.

Pour autant, l'aboutissement que constitue la puissante version 9K ne met pas un terme à la saga en matière de développements techniques. Malgré les espoirs placés dans une coopération avec Pratt & Whitney, centrée en un premier temps sur les « TF », il apparaît que l'Atar n'a pas dit son dernier mot, qu'il recèle un ultime potentiel de croissance qui devrait lui permettre de franchir allègrement le cap des 7 tonnes de poussée avec une consommation spécifique sensiblement diminuée.

Cet avis est notamment celui de Jean Devriese, alors directeur technique adjoint (et ancien chef de la section moteurs du STAé), qui prend la responsabilité du développement du 9K50 de 7 200 kgp. Compresseur et turbine sont modifiés, les aubes sont nouvelles et des améliorations sont apportées à de nombreux autres composants. Outre un nouveau bond en avant en matière de puissance, le 9K50 affiche une consommation en croisière diminuée de 7 %.

Cette nouvelle version, lancée en 1966, est retenue pour le Mirage F1 et testée en vol dès 1968, une grande rapidité exigée par le calendrier du F1, lequel prend l'air pour la première fois en

1969. Il est également retenu pour le biréacteur à géométrie variable Mirage G, programme très ambitieux mais bientôt jugé trop coûteux et abandonné. Ce « G » n'en inscrit pas moins à son actif un record européen de vitesse très remarqué, Mach 2,34 à 15 000 mètres d'altitude.

Le rôle du 9K50 ne s'arrête pas là. Une version quelque peu simplifiée du Mirage IIIE, appelée Mirage 5 pour des raisons restées mystérieuses, a suscité l'intérêt et, surtout, a remporté un marché très disputé au cœur de l'Europe, une commande de 106 exemplaires passée en 1968 par la force aérienne belge. Ce choix, de préférence au Northrop F-5, conduit Snecma à établir des liens étroits avec la Fabrique nationale Herstal, société belge d'armement située près de Liège, dans le cadre de compensations industrielles. La partie de FN Herstal chargée de ces activités sera plus tard filialisée sous le nom de FN Moteurs, dans laquelle le groupe français prendra par la suite une participation majoritaire avant de la rebaptiser Techspace Aero.

Vol en formation d'un Mirage F1CR, au premier plan, et d'un Sepecat Jaguar, pendant l'opération Daguet, lors de la guerre du Golfe de 1991.
CI-DESSOUS, un Atar 9K50.

Sept ans plus tard, le Mirage 5 revient au premier plan de l'actualité en étant remotorisé avec un 9K50, ce qui lui vaut d'être rebaptisé Mirage 50. La plate-forme est ancienne mais bénéficie de cette manière d'un coup de jeune, dotée d'un radar multifonction Thomson Cyrano IV et de missiles Matra Magic. Une formule qui fait mouche dans la mesure où elle entraîne de nouvelles ventes à l'exportation, au Chili et au Venezuela. La même filière technique est prolongée par le Mirage III NG ou 3 NG (Nouvelle Génération), de masse accrue, version elle aussi dotée d'un 9K50.

Du point de vue de Dassault, l'intention de tourner la page était intervenue bien avant ces développements avec le lancement du Mirage F1 caractérisé par l'abandon d'une voilure delta au

profit d'une configuration plus classique et l'emploi de ce même 9K50. Ce sera le dernier grand succès de l'Atar. Et quel succès ! Décliné en plusieurs versions, commandé en grande série par l'armée de l'Air, le F1 va s'attirer les faveurs de nombreux pays, être produit à plus de 700 exemplaires et, de ce fait, mener la production de la série Atar vers d'impressionnants sommets. Le dernier des 1 100 9K50 construits a été livré en 1994, ce qui explique le nombre important de moteurs de ce type encore en service.

Le 9K50 ne marque pas pour autant la fin de vie industrielle de l'Atar : il est suivi par le 8K50, première (et dernière) version sans postcombustion à tuyère fixe spécialement adaptée au Super Étendard. Il est lancé en 1973 et entre en service cinq ans plus tard.

Dans ce cadre opérationnel, celui de l'Aéronautique navale, le 8K50 a permis de réaliser un exploit, établir la liaison directe entre la famille des Atar et le M88, tout un symbole.

L'Atar Plus (1994) mérite qu'on y revienne : cinquante ans exactement après la création de la société et le lancement de son premier moteur à réaction, ce même moteur faisait encore l'objet d'études nouvelles.

C'est l'Afrique du Sud qui, d'une certaine manière, est à l'origine de cet épisode. À l'époque de l'apartheid, placé sous embargo par ses principaux

partenaires commerciaux, ce pays s'était trouvé dans l'obligation de formuler des solutions originales à nombre de problèmes d'approvisionnement qui se posaient à lui. D'où, par exemple, sa décision de produire du pétrole synthétique selon la formule Fischer-Tropsch mise au point en Allemagne une douzaine d'années avant la Seconde Guerre mondiale ou encore sa tentative de s'adresser à l'URSS pour moderniser et remotoriser ses F1A et C avec des Tumanski RD-33.
Le mariage F1/RD-33 fut effectivement testé puis, la situation politique étant normalisée, le ministère sud-africain de la Défense s'empressa de reprendre contact avec Snecma. C'est ainsi qu'ont été imaginées, conjointement avec l'industriel local Denel, des améliorations pouvant être apportées au 9K50, basées sur l'expérience opérationnelle et le vieillissement du moteur.
Rapidement, expliquait Pierre-Emmanuel Gires, à l'époque directeur des programmes militaires matures, les échanges de vues ont été élargis en même temps que l'Espagne a commencé à y participer, à l'intervention de la société Industria de Turbo Propulsores (ITP). Snecma était d'autant plus intéressée qu'elle entrevoyait ainsi la possibilité d'offrir une modernisation des Mirage III et 5, voire du Super Étendard, le 8K50 pouvant bénéficier en parallèle des mêmes améliorations.

C'est ainsi qu'est né le projet d'Atar Plus doté d'un boîtier électronique de contrôle de la postcombustion, de conception sud-africaine, et d'un compresseur haute pression modifié par ITP. Ce projet n'a pas abouti, faute de marché suffisant. Seule la partie développée par ITP a été menée à terme et équipe maintenant presque toute la flotte de Mirage F1 et de Super Étendard de l'armée française et certains avions de flottes étrangères. À la fin de l'année 2005, environ 300 F1 étaient toujours en service, auxquels s'ajoutaient environ 60 Super Étendard français. Un bel exemple de longévité. ■

Un Super Étendard, avion embarqué qui aura connu une carrière opérationnelle particulièrement longue.

La relève : le M88

D'une certaine manière, il s'agit de la quintessence du savoir-faire d'un grand industriel à la pointe du progrès. Une synthèse des technologies les plus avancées, une expression sophistiquée de ce qu'il est convenu d'appeler l'état de l'art, une formidable volonté de réussite ont donné naissance à un propulseur militaire de nouvelle génération. Le M88 équipe le Rafale de Dassault, au sein de l'armée de l'Air et de l'aéronautique navale.

La relève : le M88

PAGE PRÉCÉDENTE, gros plan sur les tuyères des M88-2 d'un Rafale.

Au début des années 1970, le M53 du Mirage 2000 est en cours de développement, des dérivés plus performants sont envisagés pour propulser un avion de combat futur (dont les contours ne sont pas encore précisés) et, peut-être, un programme européen dont il commence à être question avec une insistance croissante.

Il apparaît dans le même temps que le M53 approchera bientôt de ses limites techniques de développement. Après tout, il est né Super Atar, ce qui indique sa filiation ancienne, encore qu'il n'ait plus grand-chose en commun avec son illustre aïeul. Aussi est-il indispensable d'envisager le développement d'un moteur entièrement nouveau, cela dans un contexte qui s'avère pour le moins difficile à préciser.

L'Europe des avions de combat est souhaitée par les principaux intervenants potentiels et elle pourrait logiquement entraîner les motoristes dans son sillage. Reste le fait indéniable qu'il s'agit encore d'une vue de l'esprit, tant les ambitions et les contraintes des uns et des autres apparaissent contradictoires.

Production en série.

Le marché du siècle

Une preuve éclatante en est fournie par ce qui sera bientôt convenu d'appeler le « marché du siècle ». En 1969, la Belgique et les Pays-Bas ont renoncé au concept de Multi-Role Combat Aircraft européen, estimant que le système d'armes susceptible de naître de cette coopération multinationale sera incompatible avec leurs contraintes budgétaires. Leurs délégués abandonnent la table de négociation au moment où les ténors évoquent un biréacteur à géométrie variable, futur Tornado que produira le consortium Panavia. Il sera décidé plus tard que ce biréacteur d'une masse maximale de 27 tonnes sera propulsé par deux RB199 de plus de 7 tonnes avec PC, moteurs entièrement nouveaux confiés à Turbo-Union (Rolls-Royce, MTU et Fiat).

S'ils ne sont plus partie prenante du concept MRCA, la Belgique et les Pays-Bas, rejoints par la Norvège et le Danemark, ont constaté la convergence de leurs besoins opérationnels en même temps que leur communauté de vues. Ils vont devoir remplacer, pour l'essentiel, des Northrop F-5 et Mirage 5 acquis dans les années 1960 et ils souhaitent le faire de manière aussi raisonnable que possible. D'où la décision, au demeurant judicieuse, de lancer un appel d'offres unique portant sur 348 avions. De quoi susciter l'intérêt des fournisseurs potentiels et de les encourager à soumettre des offres très étudiées assorties de compensations industrielles généreuses.

Ce « marché du siècle », très médiatisé, retient rapidement l'attention du Pentagone. Les Américains ont tôt fait de comprendre, en effet, que la victoire d'un prétendant européen (plus probablement Dassault que l'outsider Saab) mettrait en selle un intervenant automatiquement appelé à prendre de l'importance au point de gêner l'ambition américaine de dominer le marché. Ainsi va prendre corps un affrontement d'une rare violence, tant les enjeux sont importants à long terme. Ses conséquences industrielles seront considérables.

Depuis quelques années, le Pentagone ne cache pas son inquiétude face à l'envolée des coûts des systèmes de nouvelle génération. Son analyse s'attache notamment aux avions de combat de l'USAF et constate que nombre de missions sont assurées par des biréacteurs suréquipés par rapport aux tâches qui leur sont confiées. D'où l'idée d'envisager une recomposition des moyens mis en œuvre, les gros F-15, par exemple, pouvant être flanqués de monoréacteurs plus limités mais sensiblement moins coûteux, d'une masse maximale de 9 tonnes.

Ce raisonnement apparaît intéressant mais trop théorique. D'où l'idée de passer à des travaux pratiques en demandant la contribution de grands bureaux d'études, la Request for Proposals étant diffusée le 6 janvier 1972, l'appellation retenue étant la recherche d'un Light Weight Fighter, LWF. Pourrait-on concevoir et développer à très bon compte (du *low-cost* industriel) un monoplace de chasse de jour dont le prix unitaire *fly-away* serait considérablement plus modeste que les ordres de grandeur habituels ?

Les réponses sont nombreuses : répondent, par ordre alphabétique, Boeing, Fairchild Industries, General Dynamics, Grumman Aerospace, LTV, Lockheed, McDonnell Douglas, Northrop et Rockwell International. Avec le recul, cette énumération montre qu'il y a alors pléthore d'industriels… Par ailleurs, il apparaît rapidement que les propositions les plus intéressantes sont celles soumises par General Dynamics (projet

Le contrôle de qualité est omniprésent, d'autant qu'il conditionne tout à la fois la fiabilité et la sécurité des vols.

Model 401) et Northrop (P600). Un contrat est alors passé avec chacun de ces deux avionneurs pour la construction de démonstrateurs technologiques baptisés YF-16 et YF-17. Le moteur utilisé, déjà produit en série, est le Pratt & Whitney F100 du F-15.

Quand commencent les essais en vol comparatifs, dans les premières semaines de 1974, les quatre « petits » pays européens (Belgique, Danemark, Norvège et Pays-Bas) qui ont entrepris la recherche commune d'un avion de combat sont entrés dans le vif du sujet. De là à imaginer que le LFW devienne bien plus qu'un simple exercice de style et leur soit proposé, il n'y a qu'un pas à franchir. Et tel est bien le cas, General Dynamics étant choisi le 13 janvier 1975, l'USAF faisant dès cet instant l'objet d'amicales pressions pour envisager une commande de lancement de F-16 destinée à crédibiliser la formule, le Pentagone se chargeant lui-même de la promotion de l'appareil sur le Vieux Continent.

Seul le Mirage F1 de Dassault est véritablement en mesure d'affronter la concurrence américaine, dans une version sensiblement améliorée appelée F1E, dotée d'un Snecma M53 en lieu et place de l'Atar 9K50 qui datait de 1967. La Belgique choisit cette formule, ses trois partenaires se désolidarisent de son choix puis Bruxelles fait marche arrière. Le 16 juin 1975, au moment même où commence le déjeuner officiel de clôture du Salon du Bourget, la victoire européenne du F-16 est annoncée.

L'après-M53

Cet événement aura des conséquences considérables sur l'Europe des avions de combat et leurs moteurs. Il fait bientôt figure d'occasion manquée dont les dommages collatéraux sont multiples. En revanche, les services officiels français puisent dans l'adversité de bonnes raisons de redoubler d'efforts pour donner un successeur de qualité au M53. Ce dernier, dont le début de la conception datait de 1966, correspondait bien entendu aux objectifs prioritaires de cette époque, c'est-à-dire le vol à très grande vitesse davantage que les missions de pénétration.

Pour Snecma, il s'agit là d'un objectif qui s'inscrit parfaitement bien dans sa logique. Elle cherche à se placer au premier plan de la technologie, de l'état de l'art, et il s'agit de sa véritable priorité, ce qui explique que recherche et

M53

Snecma a commencé à envisager la succession du M53 dès le début des années 1960, dans un contexte qui n'était pas simple. En effet, aucun programme français d'avion de combat susceptible de faire appel à un moteur plus puissant que l'Atar n'était en vue et le financement d'études nouvelles s'annonçait problématique. En revanche, il était acquis que le motoriste aurait besoin de plus de temps que l'avionneur dans le cadre de tout programme futur. Du côté de la défense, dans le même temps, des besoins opérationnels nouveaux prenaient corps, à savoir une notion de suprématie aérienne nécessitant des vitesses très élevées pour pouvoir barrer la route à des intrus de plus en plus performants. Il ne s'agissait pas d'optimiser les performances pour le vol à haute altitude : tout au contraire, le vol sous la couverture radar présentait des avantages évidents. Ce qui posait des problèmes difficiles en matière de consommation spécifique en cas de missions alternant basse et haute altitudes.

Les premiers traits de crayon tracés en l'absence de besoins précis ont cherché à concilier ces exigences contradictoires. Sous l'appellation M53, il s'agissait d'envisager un moteur entièrement nouveau, très puissant et capable d'aller jusqu'à Mach 3. D'où le choix d'un concept de double flux simple corps à faible taux de dilution.

Le M53 était un moteur entièrement nouveau, et non pas un dérivé de l'Atar. Son étude avait été lancée en anticipant les exigences futures de Dassault et, au-delà, les demandes de l'armée de l'Air française et d'acheteurs étrangers.

John Barton, actuel responsable des moteurs matures de Snecma, pour situer la place du M53 dans l'arbre généalogique de la société, souligne qu'il ne s'agissait pas de développer un descendant de l'Atar mais bien de concevoir un moteur entièrement nouveau, à l'image d'une autre génération technologique, nettement plus avancée que la précédente. Un moteur plus petit, caractérisé par un nombre réduit d'étages de turbine. Il s'agissait aussi du premier double flux militaire français, un concept révolutionnaire pour l'époque, qui plus est doté d'un calculateur électronique.

Autre innovation, le M53 tenait attentivement compte des aspirations des forces aériennes, à savoir leur souhait de bénéficier de méthodes de maintenance simplifiées. D'où la conception modulaire : le M53 se décomposait en onze modules et un calculateur.

C'est dans cet esprit qu'a pris forme un moteur de 8 500 kgp avec postcombustion, plus court et plus léger que l'Atar, d'un diamètre similaire, visant une consommation spécifique diminuée de 10 à 15 %.

L'architecture retenue reprenait les avancées les plus récentes des programmes de recherche de la société, notamment un compresseur transsonique à haut débit, à trois étages et un compresseur haute pression à cinq étages. Autres caractéristiques retenant l'attention, une chambre de combustion annulaire à prévaporisation et refroidissement par film d'air et une turbine à deux étages dotée d'aubes refroidies à canaux travaillant à 1 165 °C. La postcombustion à deux flux s'inspirait d'une expérience acquise dans le cadre de la coopération avec Pratt & Whitney sur les différents TF. Quant à la régulation électronique, confiée à Elecma, elle reposait sur des circuits intégrés hybrides à couche mince.

Les premiers travaux devant mener au M53 ont été soumis aux autorités de tutelle en 1966 et le programme de développement à proprement parler, comprenant dix moteurs M53-2, a été lancé en 1970. Une décision remarquable du STAé dans la mesure où, à ce moment-là, aucune application précise n'était prévue. Le premier M53 a tourné au banc dès 1971, les essais en vol étant entamés à la mi-1973 sur une Caravelle III aménagée.

Des perspectives d'utilisation du M53 ont commencé à poindre quand l'armée de l'Air a évoqué l'ACF, avion de combat futur, préfiguration d'un biréacteur très performant (Mach 2,5), probablement doté d'une voilure à géométrie variable. Le concept d'ACF propulsé par deux M53 a néanmoins été abandonné en 1975 au profit d'un monoréacteur à aile delta baptisé Mirage 2000, lancé dès la fin de la même année, récompensant ainsi la vision de Snecma formulée de nombreuses années plus tôt.

Avant cet aboutissement, c'est-à-dire au cours de la période 1973-1975, de grands espoirs reposaient sur le mariage Mirage F1-M53 imaginé pour contrer une offensive de l'industrie américaine (fortement soutenue par le Pentagone) sur le marché européen. La Belgique, les Pays-Bas, la Norvège et le Danemark, après être sortis du « club » Multi-Role Combat Aircraft pour cause d'incompatibilité budgétaire, envisageaient alors d'acheter conjointement 348 avions de combat moins sophistiqués que le futur Panavia Tornado.

Les perspectives offertes par une commande de cette ampleur ont suscité un affrontement technico-commercial d'une ampleur rarement connue. Les États-Unis ont proposé leur Light Weight Fighter alors en gestation, alors qu'ils n'avaient pas encore choisi le

vainqueur de cette compétition. Ils ont donc aligné deux prétendants, le General Dynamics YF-16 et le Northrop YF-17. Et, en un deuxième temps, le YF-16, jugé meilleur, et propulsé par un Pratt & Whitney F100, a fait l'objet d'efforts de promotion très importants.
Le constructeur suédois Saab, s'essayant pour la première fois sur le marché de l'exportation, a proposé une variante de l'imposant Draken tandis que la France a offert le F1E, un F1 doté du nouveau M53. Cette formule a séduit les Belges, qui l'ont retenue unilatéralement avant de se rétracter et de suivre leurs partenaires sur la voie du F-16.
Cet affrontement, baptisé « marché du siècle » par Jacques Isnard dans les colonnes du journal *Le Monde*, une expression qui a fait florès, a eu des conséquences importantes et durables. En effet, il a considérablement affaibli les tenants d'une industrie européenne de la défense. Qui plus est, en cas de victoire française, le M53 aurait connu un démarrage plus rapide en même temps qu'il aurait sans doute été « européanisé » par le jeu des compensations industrielles propres à un tel contrat multinational.
Fort heureusement pour Dassault et Snecma, le Mirage 2000 a pris la relève à partir de 1978, le programme prenant peu à peu une ampleur considérable.
Le Mirage 2000-01 a effectué son premier vol à Istres le 10 mars 1978 et est entré en service dans l'armée de l'Air en juillet 1984. L'armée de l'Air a passé commande, au fil des années, de plusieurs versions, dont le 2000DA (défense aérienne) et le 2000N porteur de missiles à tête nucléaire. Dans le même temps, d'importantes commandes à l'exportation ont été signées. Par ordre chronologique, les premières commandes ont été passées par l'Égypte, l'Inde, le Pérou, Abu Dhabi, les Émirats arabes unis (qui ont ensuite acheté en 1997 des Mirage 2000-9), la Grèce, Taïwan et le Qatar.
En revanche, le Mirage 4000, biréacteur bi-M53, une initiative sur fonds privés de Dassault, n'a pas dépassé le stade du prototype, faute de trouver un client de lancement.
Le M53 a continué d'évoluer avec l'apparition d'une version à 9 000 kgp avec PC, M53-5, puis le M53 P2 offrant un gain supplémentaire de poussée de 10 %, retenu pour la série Mirage 2000.
Compte tenu du nombre de Mirage 2000 produits et de la diversité de leurs utilisateurs, tout indique que la vie opérationnelle du M53 se poursuivra pendant de nombreuses années, probablement jusqu'en 2025, voire au-delà.

Le M53-P2, la plus aboutie des versions. D'autres améliorations ont été envisagées, notamment le M53-PX3 faisant appel à des technologies mises au point pour le M88.

La silhouette ramassée du Rafale rappelle la volonté de ses concepteurs (et de l'aéronautique navale) d'en limiter la masse et les dimensions pour utilisation sur porte-avions.

développement absorbent jusqu'à 24 % du chiffre d'affaires de la société.
Snecma tire les conséquences de l'échec du marché du siècle et reconnaît les avancées technologiques de ses concurrents américains. En septembre 1978, la direction générale demande à Bernard Delorme (qui rejoindra L'Air liquide en 1981) un dossier de réflexion sur les moteurs militaires futurs. La présentation des conclusions de ces travaux aboutit à la décision de lancer un nouveau programme capable de dynamiser et fédérer toutes les recherches et études militaires afin de combler au plus vite les retards enregistrés par rapport aux États-Unis.
C'est une époque charnière : au même moment se déroule le combat mené par René Ravaud et les équipes civiles pour assurer le démarrage du CFM56. En parallèle, il est devenu évident que la branche militaire, elle aussi, a besoin d'aborder une étape nouvelle.
Pour cela, explique Jacques Hauvette, chef de programme recherche et technologie (et étroitement impliqué dans le M88 dès le tout début des études), il faut avant tout travailler les parties chaudes, imaginer des corps haute pression améliorés puis, idéalement, tester des démonstrateurs « à l'américaine ». Des propositions allant dans ce sens sont soumises à la tutelle mais tardent singulièrement à se concrétiser, faute de budgets adéquats. Un premier pas timide est néanmoins franchi en avril 1980 grâce à un contrat – modeste – portant sur le développement d'un compresseur haute pression.
C'est une époque riche en échanges d'idées au cours desquels les états-majors éprouvent des difficultés croissantes à concilier exigences opérationnelles et contraintes budgétaires. Par ailleurs, tous les pays dotés d'une industrie aéronautique forte, France et Royaume-Uni en tête, mais aussi l'Allemagne et l'Italie, reconnaissent les mérites de la coopération internationale tout en étant soucieux de préserver leurs intérêts nationaux.
Chacun fourbit ses armes. L'Allemagne, par exemple, entreprend des études exploratoires, confiées à Messerschmitt-Bölkow-Blohm et Dornier, qui devraient permettre aux deux grands bureaux d'études de Munich de montrer leur savoir-faire avant d'entamer des discussions avec d'éventuels partenaires. MTU poursuit le même raisonnement en matière de motorisation.
En septembre 1979, la DGA demande à « ses » industriels de nouer le dialogue avec leurs homologues allemands et britanniques. Ce n'est pas une mince affaire dans la mesure où chacun des trois états-majors affiche des idées précises, reprises par les fiches AST403 à Londres, TKF90 à Bonn et ACT92 à Paris. En principe, il devrait aller de soi qu'il conviendrait de les fusionner pour donner naissance à ce qu'on appelle alors l'ECA, European Combat Aircraft. Dès les premiers échanges de vues, des divergences importantes sont mises en évidence en matière de missions et de distance franchissable. Dès lors, de manière tout à fait théorique, bien sûr, le devis de masse de l'ECA oscille entre 8,5 et 12,5 tonnes. Ce qui contribue à la grande perplexité des motoristes.
L'armée de l'Air française, dès cette époque, raisonne en termes de grande polyvalence et, ce qui témoigne d'une grande constance dans ses souhaits, elle indique qu'elle donne d'entrée la préférence à un concept de biréacteur. La précision est importante dans la mesure où elle conditionne l'ordre de grandeur de la poussée du moteur à concevoir.
Le bureau d'études se contente tout d'abord de l'appellation générique « moteur militaire futur » utilisée dès 1978 puis, quand un concept commence à prendre corps, René Ravaud choisit

la désignation M88. Un lundi matin, il en informe Jean Calmon, son directeur de cabinet, et Philippe Dreux, chef du service de presse. Reste à passer aux actes, à passer de l'idée à la pratique grâce à un démonstrateur, étant entendu, précise René Ravaud, que le futur M88 doit être interchangeable avec le F404 de General Electric. Le nom de Ravaud se trouve ainsi étroitement associé au lancement de ce programme important, dont il est l'inspirateur, Jacques Bénichou, président de Snecma de 1982 à 1987, en étant le réalisateur.

Sur le plan des hommes, l'époque est bien choisie, les capacités disponibles au sein du bureau d'études étant relativement importantes. De plus, le civil intervient alors pour 16 % seulement dans l'ensemble des activités de la société, ce qui justifie d'autant mieux que des efforts très importants soient consacrés au renouvellement de la gamme militaire.

Plus tard, industriels et services officiels, remontant le cours de l'histoire, diront avec une légitime satisfaction qu'ils ont forgé très tôt une bonne entente, souvent qualifiée d'exemplaire. Le cycle thermodynamique du futur M88 a été déterminé par le Centre de prospective et d'évaluation qui mettait en présence l'industrie, la DGA et les états-majors Air et Marine. Le CPE conduisait un dialogue fructueux, sachant qu'en toute logique, l'avion de combat à venir après le Mirage 2000 devrait être obligatoirement polyvalent. En effet, l'envolée des coûts était telle qu'il ne pouvait en aucun cas être question de mener de front plusieurs programmes, comme dans le passé.

Le rôle du CPE a été important dans la mesure où il a, de fait, inventé le concept d'avion de combat « multirôle » dans le cadre de la recherche du vecteur le plus efficace pour assurer les différentes missions dévolues à l'armée de l'Air.

Début 1980, il est tout à la fois question de coopération européenne et d'études menées au plan national. L'ACT92, illustration des besoins opérationnels français de l'avenir, fait l'objet de travaux importants.

L'information disponible publiquement est aujourd'hui beaucoup plus détaillée qu'elle ne pouvait l'être à l'époque, pour des raisons évidentes de confidentialité. Ainsi, les travaux remarquables de Comaéro (Comité pour l'histoire de l'aéronautique) du Centre des hautes études de l'armement permettent de reconstituer la logique qui a présidé à la genèse du M88.

TF franco-américains

En 1959, au moment de la genèse du Mirage IIIV à décollage vertical, Snecma ne pouvait pas proposer immédiatement un moteur adéquat. Les services officiels ont estimé judicieux de s'en remettre à un partenaire américain, démarche qui conduit à un accord de Snecma avec Pratt & Whitney. Il portait sur l'acquisition de la licence du moteur à double flux JTF10, dérivé du J52, en vue de son adaptation aux besoins français.

Sous l'appellation TF104, ce moteur a été considérablement modifié. Au départ, en effet, il était limité au vol subsonique et il est de ce fait nécessaire de lui adapter une nouvelle soufflante en amont du compresseur basse pression et un système de postcombustion.

Le TF104 tourne pour la première fois au banc en décembre 1961, est qualifié un an et demi plus tard et vole sur le prototype Mirage IIIT en juin 1964. Le moteur franco-américain est remarqué pour une innovation importante, l'utilisation de la postcombustion sur deux flux. En revanche, les performances du TF104 ne sont pas à la hauteur des attentes. Aussi un dérivé plus puissant est-il mis à l'étude, le TF106, dont la poussée maximale est portée à 7 300 kilos.

C'est ce moteur qui est installé sur le démonstrateur de chasseur à décollage vertical Balzac doté, par ailleurs, de huit Rolls-Royce RB.108 de 1 000 kgp chacun pour la sustentation. Après des essais menés sous portique, le premier vol libre a lieu à Melun-Villaroche le 15 octobre 1962. La formule fonctionne mais elle est compliquée et provoque deux accidents.

Cette filière est néanmoins poussée plus avant grâce au développement du Pratt & Whitney TF30 destiné au biréacteur à géométrie variable TFX, futur General Dynamics F-111. Aussi le TF106 est-il abandonné au profit d'un dérivé dudit TF30, le TF306 de 9 000 kgp. Il est tout d'abord essayé sur un banc volant (un Armagnac) puis équipe en 1966 deux prototypes de Dassault, les Mirage F2-01 et IIIV02.

Ce dernier est également doté de huit Rolls-Royce RB.162 utilisés pour le décollage, le vol stationnaire et l'atterrissage. L'année suivante, un TF306 est installé sur le démonstrateur à géométrie variable Mirage G01. À ce moment-là, sa poussée maximale a été portée à 10 500 kgp.

Vient ensuite le Mirage G8, pour lequel le nouveau M53 est prévu mais qui débute ses essais propulsé par deux Atar 9K50. Fin 1969, quand la France renonce tout à la fois au décollage vertical et à la géométrie variable, le TF306 est abandonné. Entre-temps, le programme M53 a été lancé.

Le F2, par ailleurs, marque une rupture dans la lignée des Mirage dans la mesure où il est doté d'une aile haute en flèche, et non plus d'une voilure delta. Tout d'abord appelé Mirage IIIF, il fait l'objet d'un contrat prototype en novembre 1963 et il est prévu de le doter d'un TF106. Ce dernier est ensuite remplacé par un TF30, il devient IIIF2 mais n'a finalement pas de suite. Vient alors le Mirage F3 qui marque le retour du TF106 mais est rapidement annulé.

Peu à peu, cette filière, au-delà de son intérêt technique, fait apparaître des butées budgétaires qui conduisent à de nouveaux concepts relativement moins coûteux. C'est à ce moment qu'est imaginé le couple Mirage F1-Atar 9K50 qui, bientôt, connaîtra la consécration de la production en série et celle de solides succès à l'exportation.

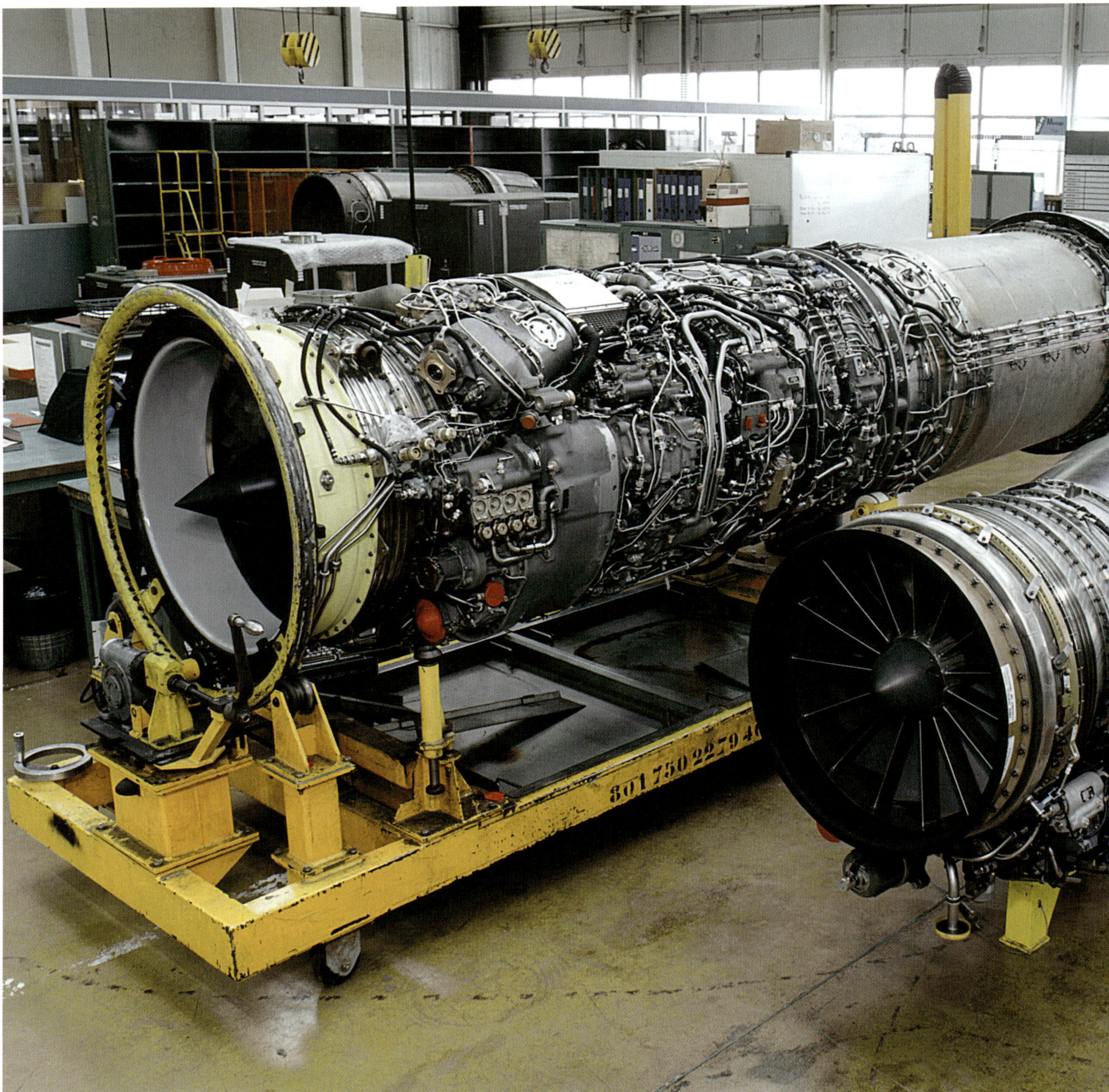

En remontant le fil des étapes successives, on constate une fois encore que la propulsion aéronautique est une œuvre de longue haleine. Qui plus est lorsqu'il s'agit de programmes militaires dont la gestation est longue, le cycle industriel lent et la durée de vie d'une ampleur qui dépasse souvent celle des moteurs civils.
Au moment où il commence à être question du futur M88, les ingénieurs abordent une phase nouvelle dont bénéficient peu à peu les bureaux d'études. En effet, les méthodes de calcul viennent de bénéficier de progrès importants, essentiellement grâce à l'apparition d'une informatique puissante.
Le moteur lui-même, tel qu'il est imaginé dans ses grandes lignes, est un double flux double corps, affichant un fort taux de compression et faisant appel à des aubes de turbines refroidies d'une conception que leurs responsables qualifient eux-mêmes de très sophistiquée. La rupture technologique, par rapport au M53, s'annonce considérable et appelle, de ce fait, des étapes intermédiaires de validation, c'est-à-dire un programme préparatoire conçu avec beaucoup de soin.

Côte à côte, un M88 et, illustration de la génération précédente, un M53. La différence de gabarit est frappante.

Le projet initial, dessiné sur les spécifications de Bernard Delorme, est dû à Jacques Caruel, futur directeur technique. Plus tard, en novembre 1983, une refonte complète du dessin sera entreprise par André Barbot. Cette refonte sera à l'origine de l'appellation M88-2 pour distinguer le moteur du concept initial qui n'a pas été mené au-delà d'un démonstrateur technologique. L'appellation M88-1 n'a jamais existé.
On peut retracer les points forts du nouveau programme en énumérant les différentes recherches entreprises à ce moment-là, d'une part, les développements exploratoires, d'autre part. Ce qui confirme bien que, dès les premiers coups de crayon, chacun était conscient d'entreprendre une œuvre de longue haleine.
Les recherches, tout d'abord. Il n'a pas été nécessaire d'inventer une méthode : elles reposent sur une manière de faire qui, dans ses grandes lignes, a été mise en place de longue date. Elles portent principalement sur les fondements du métier, thermodynamique, combustion, matériaux, régulation, etc. Il n'est évidemment pas question de tout faire en interne mais de compter sur l'apport du service technique de l'Aéronautique, de l'ONERA ou encore des universités.
Les développements exploratoires ont, par la suite, considérablement facilité le bon déroulement du programme. Ainsi, la validation aérodynamique est intervenue dès les années 1970 tandis que les validations thermiques et mécaniques ont eu lieu de 1979 à 1983 dans le cadre de DEXTRE, Développement exploratoire turbine refroidie.

Avancée technologique

On situe bien l'importance de l'avancée technologique liée au M88, qui plus est très rapide, en rappelant que le premier essai au banc du compresseur haute pression (six étages, taux de compression 7) s'est déroulé en 1982. C'est au cours de la même année que la chambre de combustion a été testée, le compresseur basse pression (trois étages, taux de compression de 3,5) l'étant dès 1984.
Le corps haute pression a pour sa part été validé en deux étapes, fin 1983 tout d'abord à 1 700 kelvins, début 1987 ensuite, à 1 850 kelvins. La postcombustion a été testée dès 1983, la régulation numérique l'étant dans un cadre exploratoire en 1981 et, six ans plus tard, en régulation électronique numérique à pleine autorité redondante.
Jacques Hauvette rappelle que la notion d'avion de combat futur (le sigle ACF était omniprésent dans l'actualité) a envisagé de nombreuses formules. Puis il est apparu, le pragmatisme prenant le dessus, qu'il faudrait limiter la masse de l'avion polyvalent de l'avenir, tout simplement pour en limiter le coût. Par la suite, il est apparu qu'une limitation bien pensée permettrait également de développer un appareil « navalisable », c'est-à-dire

Vue de face d'un Rafale mettant en évidence le dessin sophistiqué des entrées d'air.

pouvant être adopté par l'Aéronautique navale et être embarqué sur le *Richelieu*, futur porte-avions *Charles-de-Gaulle* de la Marine nationale.
Au moment des premières études, les ingénieurs de Snecma ont été amenés, de ce fait, à limiter soigneusement la taille du futur M88. Ils ont, dans un premier temps, considéré les mérites d'une poussée maximale avec postcombustion de 6,5 tonnes environ. La suite de leurs travaux leur a ensuite fait comprendre qu'ils risquaient ainsi de concevoir un produit non évolutif.
Le point de repère généralement utilisé était un moteur américain de référence, le General Electric F404. Et une manière d'évoquer le but premier à atteindre était de faire 10 % de mieux que ledit F404. Jacques Hauvette, estimant sans doute qu'il y a « prescription », relève à présent que les informations fournies à Dassault faisaient référence à un moteur de 6,5 tonnes de poussée avec PC alors que, dans le secret du bureau d'études, l'objectif ultime était, en réalité, d'être en mesure d'aller jusqu'à 9 tonnes. Cela sans le dire aux services officiels pour ne pas donner l'impression de s'écarter de la voie tracée par la lettre de mission de la Défense.
Dans le même temps, à Saint-Cloud, les ingénieurs de Dassault pensaient certainement à un appareil sensiblement plus lourd que la référence officielle et pour ce faire, de manière réaliste, ils prenaient pour repère le F404… Une curieuse partie de poker menteur, en quelque sorte, qui a finalement bien servi tous les joueurs.
En 1983, sur papier, bien sûr, le M88 affichait une poussée maximale de 7 500 kilos pour une masse de 900 kilos et une longueur de 3,80 mètres. En 1984, un démonstrateur M88 complet a tourné au banc, un repère chronologique en même temps que technique qui revêt une signification particulière à la lumière des événements qui sont intervenus dès l'année suivante.

Échec européen

Au tout début des années 1980, la France affichait déjà des idées précises sur l'après-Mirage 2000, Dassault travaillait à plusieurs concepts prometteurs tandis que Snecma, on l'a vu, préparait l'avenir avec beaucoup de rigueur et la volonté de réussir un nouveau bond en avant technologique. L'armée de l'Air et la Marine, pour leur part, énonçaient des besoins conciliables, ouvrant la voie à une solution de principe résolument novatrice : à terme, remplacer les sept types d'avions de combat des forces françaises par un seul et même système d'armes décliné en plusieurs versions étroitement complémentaires.
Au plan politique, la situation était, au même moment, considérablement plus compliquée. Il s'agissait de prendre en compte les contraintes budgétaires de plus en plus fortes, compte tenu de l'envolée des coûts des grands programmes militaires et, dans le même temps, de reconnaître l'intérêt de jouer la carte de la coopération européenne. Et cela tout en prenant en compte une volonté maintenue d'autonomie en matière de défense.
La quadrature du cercle ? Certains observateurs le pensaient secrètement, avant même l'ouverture de la concertation. D'autant que l'hypothèse de mise sur pied d'un seul et unique programme européen d'avion de combat risquait de poser des problèmes pour le moins délicats en matière de répartition des tâches. Dans cet esprit, chacun des industriels concernés craignait d'entrée de perdre une part de ses compétences et, à terme, de ne plus être en mesure d'assurer la maîtrise d'œuvre d'un programme majeur.
Les pays du « club F-16 » rendu célèbre par le marché du siècle de 1975 n'étant pas partie prenante (pour cause de décalage de phase et de budgets *a priori* insuffisants), le principe même de la coopération ne mettait en scène « que » cinq intervenants, par ordre alphabétique l'Allemagne, l'Espagne, la France, l'Italie et le Royaume-Uni. À cette époque-là, personne, pas même les plus hauts responsables de Bonn, ne se doutait que le mur de Berlin tomberait dix ans plus tard.
En matière de propulsion, la situation était, d'entrée, particulièrement difficile, deux acteurs majeurs seulement étant en présence, Snecma et Rolls-Royce, parfaitement conscients de l'importance de l'enjeu, à savoir l'avenir de leurs activités militaires les plus prestigieuses. Les deux ténors, au demeurant d'importance inégale, étaient entourés de quelques *outsiders* comme l'Allemand MTU et l'Italien Fiat (devenu Avio par la suite) à la recherche d'une opportunité de s'affirmer et d'acquérir des dimensions plus importantes. En France, il n'était pas facile d'établir un consensus. Bien entendu, Marcel Dassault et son P-DG,

Benno-Claude Vallières, fronçant d'entrée les sourcils, étaient soucieux de maintenir l'indépendance, la liberté d'action et l'ensemble des capacités de grand maître d'œuvre de la société. Snecma, pour sa part, dépendait davantage de l'attitude des services officiels et, au-delà, des politiques, cela, bien sûr, en raison de son statut d'entreprise étatique.

Dans le même temps, les relations entre Dassault et Snecma n'étaient pas précisément simples. Les deux entreprises constituaient de longue date, et solidairement, la clef de voûte du volet militaire de l'industrie aéronautique française. Depuis l'époque déjà lointaine des premiers Atar, les contacts étaient constants, étroits, quotidiens. Les ingénieurs des deux bureaux d'études se connaissaient bien et les relations ne devenaient conflictuelles qu'à partir du moment où les hautes directions en avaient décidé ainsi. Souvent, semble-t-il, il s'agissait du résultat de faux problèmes ou encore de difficultés davantage psychologiques que techniques.

Marcel Dassault affichait une position très arrêtée, peu amène, vis-à-vis des sociétés nationalisées, affirmant ainsi une constance de vues remontant à l'époque (1936) où, lui-même, était passé dans le giron de l'État par décision du Front populaire. Quatre décennies plus tard, dans une configuration pourtant très différente, le traumatisme était entier. Face à lui, Marcel Dassault avait affaire à une forte personnalité, René Ravaud, P-DG tout-puissant de Snecma de 1971 à 1982, précédemment responsable de la direction des programmes et des affaires industrielles de la délégation ministérielle à l'Armement (devenue par la suite DGA).

Les propos tenus publiquement par les uns et les autres n'étaient pas contradictoires pour autant et laissaient poindre des préoccupations très proches. L'effort de défense français, s'appuyant sur une politique à long terme forte d'un solide consensus politique, approchait à grands pas d'un mur virtuel infranchissable, celui de la finance. Dès lors, fallait-il se préparer à faire de sérieuses concessions et à sacrifier l'indépendance technologique – et industrielle – sur l'autel de la coopération européenne ? Ou, tout au contraire, la France trouverait-elle les moyens de développer seule un avion de combat polyvalent de nouvelle génération ?

La question posée n'était évidemment pas purement comptable. La réponse qui lui serait apportée aurait des conséquences politiques lourdes relevant de considérations de souveraineté nationale. Par ailleurs, il pouvait être souhaitable de construire une Europe de l'aéronautique et de la défense, prolongation et approfondissement de premières opérations comme le patrouilleur Br-1150 Atlantic, l'avion d'entraînement avancé Alpha Jet, les missiles tactiques Hot et

Gros plan sur les tuyères des M88-2 de l'un des premiers Rafale de série.

Un Rafale au décollage. La masse maximale au décollage est de 24,5 tonnes sur piste terrestre et de 21,5 tonnes sur porte-avions.

Milan, etc. Qui plus est, le Panavia Tornado et son moteur Turbo-Union RB.199 avaient prouvé le bien-fondé de programmes multinationaux, à condition de les conduire avec réalisme (et non pas de manière pusillanime comme le Concorde franco-britannique).
Un épisode intéressant intervient – discrètement – en 1981-1982 : des discussions bilatérales franco-allemandes conduisent Paris et Bonn à envisager l'harmonisation des besoins des deux pays. L'Allemagne verrait volontiers un avion de combat conçu autour du F404 de General Electric tandis que la France estime tout naturellement qu'il conviendrait de faire appel à un moteur entièrement nouveau correspondant, bien sûr, à la voie indiquée par le M88. Il serait intéressant, instructif, d'aller plus avant en mettant sur pied une phase plus concrète, à savoir la construction de démonstrateurs. La mise de fonds serait importante et les Allemands décident de ne pas franchir le pas.
La France, tout au contraire, sans tourner le dos à l'Europe pour autant, opte pour cette formule de validation de nouvelles avancées technologiques. En avril 1983, la DGA autorise et finance le démonstrateur ACX conçu par une équipe que dirige la nouvelle génération du bureau d'études Dassault de Saint-Cloud, Bruno Revellin-Falcoz, Jean-Claude Hironde et Jean-Jacques Samin. Snecma, pour sa part, a fort heureusement pris de l'avance et, dès lors, peut s'aligner sur un calendrier de travail marqué par un tempo très rapide.

European Staff Target

Au niveau européen, les discussions exploratoires n'en continuent pas moins d'envisager les hypothèses les plus diverses. Les états-majors des pays susceptibles de mettre sur pied une vaste alliance militaro-industrielle sont investis de la lourde tâche d'énoncer des spécifications opérationnelles communes, European Staff Target, prélude à un appel d'offres (Request for Proposals) émis en décembre 1983. Entre-temps, les industriels échafaudent des hypothèses de travail. C'est le général Jean Péquignot, ancien sous-chef d'état-major de l'armée de l'Air, qui représente Snecma qu'il a rejointe en 1974 en qualité de directeur programmes et commerce moteurs.
Les différents motoristes européens concernés alternent les phases de préparation et celles d'intégration des données tandis que se déroulent des réunions des DGA des pays impliqués.
Anticipant les développements à venir, Snecma a entamé très tôt un dialogue avec MTU (dont le nom complet, à cette époque, est Motoren-und Turbinen-Union). Un bon terrain d'entente technique permet aux ingénieurs français et allemands de travailler vite et, en mai 1983, Snecma et MTU ont « failli annoncer » un moteur européen de 7,5 tonnes de poussée. Le cheminement du dossier aurait-il changé si les deux partenaires en puissance avaient franchi le Rubicon sans plus attendre ? On peut en douter, l'arbitrage restant le privilège des politiques. Lesquels soulignaient qu'il ne s'agissait pas de construire une coopération franco-allemande mais bien d'envisager une opération européenne à part entière.
Ce qui n'empêchait en rien les Français de répéter à l'envi que le moteur du futur avion de combat existait déjà, sur papier tout au moins, et qu'il s'appelait… le M88.
Commencent alors des échanges de vues qui ne cessent de se compliquer au fil des rencontres d'un comité réunissant les DGA européennes. On y esquisse d'hypothétiques avions et moteurs tout en parlant masse, missions et performances.

Bientôt, de sérieuses divergences commencent à apparaître, non pas que l'existence d'un avant-projet français (le Rafale, déjà) fausse le dialogue mais plutôt en raison des contradictions opérationnelles, les missions de pénétration, d'une part, de supériorité aérienne, d'autre part, supposant *a priori* des concepts différents ou un jeu subtil de compromis. Cela, Snecma, on l'a vu, l'avait pris en compte au tout début de ses travaux tandis que Dassault, visant un seul type d'appareil pouvant en remplacer sept autres, avait intégré d'entrée la polyvalence absolue dans ses études.
Imperceptiblement, prélude à la scission, un « club RB.199 » va se former, réunissant sous l'égide de Rolls-Royce des motoristes qui sont déjà habitués à travailler ensemble. Rolls-Royce, que dirige Ralph Robins, s'efforce néanmoins de rester quelque peu en retrait pour ne pas susciter de réticences françaises supplémentaires, mais cela sans grands résultats.
Les problèmes qui apparaissent ne sont pas véritablement techniques. Chacun a tôt fait de comprendre que c'est la répartition des tâches qui risque de conduire à de lourds sacrifices tandis que s'installe un syndrome Concorde qui consiste à prendre toutes les décisions à l'unanimité. En matière de motorisation, une proposition commune n'en est pas moins imaginée et mise noir sur blanc. Les responsables de l'époque en tirent une conclusion claire et nette : en 1983-1985, les motoristes ont rempli leur mission, ils ont bel et bien réalisé le travail qui leur était demandé, conçu un projet unique de moteur et, de ce fait, ils refusent de porter la responsabilité de l'échec de la coopération à cinq, sanctionné par une réunion historique tenue à Turin au tout début août 1985. Il ne serait pas exact pour autant d'affirmer que ce sont les avionneurs qui ont mené les discussions à l'impasse.
En fait, les exigences opérationnelles étaient inconciliables, surtout à partir du moment où il convenait de limiter la masse maximale de l'avion de manière à assurer sa compatibilité avec les porte-avions français. De manière générale, les sacrifices demandés à la France étaient jugés exagérés, sans être pour autant mis sur la place

Le ravitaillement en vol permet d'augmenter considérablement le rayon d'action du Rafale. La première démonstration opérationnelle en a été faite en avril 2007 au-dessus de l'Afghanistan, certaines missions durant plus de six heures.

Le Larzac

La patrouille de France de l'armée de l'Air est dotée depuis de nombreuses années d'Alpha Jet. Ce biplace d'entraînement avancé a été conçu par Dornier et Dassault-Breguet (appellation de l'époque de l'avionneur français) et est propulsé par deux Larzac.

En mars 1970, la France et l'Allemagne décident de développer et produire conjointement un biplace d'entraînement avancé, l'accord étant signé en mars 1972. Baptisé Alpha Jet, l'avion est placé sous la responsabilité conjointe de Breguet et Dornier. Cette initiative suscite, en parallèle, une coopération novatrice pour la propulsion du biréacteur.
Les origines du nouveau moteur, baptisé Larzac, sont en réalité antérieures à l'Alpha Jet. Dès 1965, Snecma et Turbomeca avaient, en effet, entamé ensemble l'étude d'un turboréacteur de la classe des 1 000 kgp visant des applications tant civiles que militaires.
En un premier temps, l'application visée était le biréacteur d'affaires Falcon 10 de Dassault mais la proposition de Turbomeca et Snecma ne fut pas retenue par Dassault.
L'Alpha Jet étant un programme franco-allemand, le développement et la production du Larzac devait en refléter le caractère binational. Pour ce faire, les deux motoristes ont mis en place le GIE Turbomeca-Snecma (GRTS) et y ont associé deux partenaires allemands, Klöckner-Humboldt-Deutz et Motoren-und Turbinen-Union (connu aujourd'hui sous l'appellation anglophone MTU Aero Engines). Ensemble, les quatre sociétés ont mis au point le Larzac 04C20.
La part française dans le GRTS est de 55,24 %, l'Allemagne détenant le solde, c'est-à-dire 44,76 %.
C'est la participation de Turbomeca qui est la plus importante avec 29,31 %, suivie de Snecma, 22,93 %, tandis que des équipementiers détiennent 3 %.
Côté allemand, la répartition est de 22,5 % pour MTU, 22,1 % pour KHD et 0,16 % pour des équipementiers.
Jean-Claude Dumas de Rauly, ancien responsable du Larzac chez Snecma, dira plus tard que cette coopération très structurée a bien fonctionné et a permis de produire 1 200 moteurs en respectant toutes les exigences contractuelles. Il a noté, en revanche, que la répartition des tâches entre quatre sociétés, cela pour produire un moteur relativement petit, a imposé un système de gestion de la production relativement complexe.
Le premier prototype du Larzac (1 045 kgp) a tourné au banc en mai 1969. La version de série a été portée à 1 450 kgp. Le Larzac est un réacteur double corps double flux dont la part Snecma porte principalement sur les turbines, la régulation et la chambre de combustion. Ancien sans être dépassé, le Larzac compte plus de 3 millions d'heures de fonctionnement.
Les responsables des moteurs matures de Snecma estiment que la carrière opérationnelle de l'Alpha Jet va se poursuivre pendant de nombreuses années, et cela malgré l'apparition de nombreux projets d'avions susceptibles de lui succéder.

Très compact, le Larzac
est un moteur double corps
double flux. Il compte
aujourd'hui plus de 3 millions
d'heures de fonctionnement.

Le démonstrateur Rafale A a permis de tester le M88-2 en vol dans des conditions représentatives de sa future vie opérationnelle.

publique. D'autant que Paris n'écartait en rien le scénario de la coopération, contrairement aux affirmations *a posteriori* de certains de ses interlocuteurs. En clair, à la mi-1985, au terme d'un travail considérable, le système d'armes ébauché à cinq et la répartition des rôles, tels qu'ils étaient envisagés, n'étaient tout simplement pas compatibles avec les intérêts fondamentaux français.

La France se retire alors du groupe de travail, lequel va poursuivre sa route sans elle, prélude au développement de l'Eurofighter et de son moteur EJ200 selon une fiche-programme que ne domine plus la polyvalence dont les Français étaient soucieux. Cette manière de faire se révélera coûteuse, quatre ans plus tard, quand l'effondrement de l'URSS mettra un terme à la guerre froide et entraînera une nouvelle donne géopolitique. À partir de ce moment, les priorités opérationnelles des armées de l'Air européennes seront profondément différentes, obligeant les états-majors et les responsables de l'Eurofighter à revoir et réorienter le programme. À l'opposé, la conception française gardera toute sa valeur.

Dès l'échec de l'été 1985, Dassault et Snecma, forts de leurs travaux préparatoires, envisagent sans tarder un autre scénario et reprennent contact avec les quatre pays du « club F-16 », lesquels devront tôt ou tard étudier la succession de leurs chasseurs américains. On pourrait imaginer un accord qui donnerait à l'avion de combat futur ACX, futur Rafale, une bonne assiette communautaire tout en répartissant les coûts entre partenaires.

La délégation de Dassault qui entreprend cette tournée de quatre capitales est conduite par Bruno

Revellin-Falcoz (à l'époque directeur général technique), Yves Thiriet (directeur technique à l'exportation) et Jean-Claude Hironde, responsable technique de l'ACX/Rafale A, démonstrateur technologique lancé sans plus attendre.
La démarche, qui s'étend sur six mois, n'est pas prématurée. En effet, les compensations industrielles accordées aux clients F-16 par General Dynamics et Pratt & Whitney sont alors en voie de nette diminution et les principaux industriels qui en bénéficient cherchent déjà de nouvelles activités. Dans ce contexte, ils seraient sans doute prêts à s'intéresser à une proposition française.
En matière de motorisation, cette remarque s'applique notamment à FN Moteurs (précédemment division moteurs d'avions de la Fabrique nationale Herstal). Cette dernière passera d'ailleurs peu après sous le contrôle de Snecma, dans le cadre d'une stratégie de croissance externe qui n'est pas directement liée au dossier M88/Rafale.
Le foisonnement d'idées, dans ces moments-là, cache difficilement la division des Européens. De plus, le gouvernement de cohabitation de Jacques Chirac réfléchit à une hypothèse atlantiste émise par André Giraud, ministre de la Défense. Ce dernier s'est lié d'amitié avec son homologue américain Frank Carlucci et il n'en faut pas davantage pour que les politiques invitent les industriels à explorer la piste transatlantique.
Dans ces conditions, les dirigeants de Snecma échangent des idées avec leurs collègues de General Electric, avec lesquels ils entretiennent des rapports d'autant plus cordiaux que le CFM56 a enfin démarré, et bien démarré. Le point de départ de l'échange de vues repose sur la logique : serait-il possible de marier le M88 au moteur américain F404 ? C'est Jacques Rossignol, directeur technique, qui se penche sur cette hypothèse de travail.
C'est ainsi qu'est ébauché le concept M808, sorte de F404 francisé. Snecma a en effet choisi d'adopter une position neutre et d'étudier toutes les possibilités qui pourraient conduire à un bon programme. Les dirigeants de Dassault sont, pour leur part, nettement plus réticents.
Ainsi, l'état-major de la Marine contient difficilement ses inquiétudes. Certes, le programme ACX/ACT qui se précise rapidement devrait répondre à ses besoins futurs et assurer la succession de ses Crusader et Super Étendard. Mais à quelle échéance ? Le premier cité aspire à une retraite opérationnelle largement justifiée et sa prolongation apparaît de plus en plus coûteuse, voire problématique.
Ce constat conduit à un incident de parcours particulièrement nerveux : le tempo est lent et la Royale estime judicieux de prévoir une solution d'attente, laquelle pourrait s'appeler F-18. Elle négocierait volontiers un accord avec le Pentagone pour obtenir un certain nombre d'avions pour une durée limitée à quelques années, le temps de voir arriver le Rafale M. Bien entendu, McDonnell Douglas considère cette idée d'un œil favorable et encourage l'US Navy à se montrer coopérative.

Blue Book

L'expérience a amplement démontré que le développement et la mise au point d'un moteur de nouvelle génération exigent davantage de temps que l'avion lui-même. Dès lors, il s'agit d'anticiper tout à la fois la version finale de la fiche-programme et les difficultés techniques à surmonter. Une lourde tâche.
C'est précisément pour pouvoir accepter ultérieurement un calendrier extrêmement serré que Snecma décide, non pas de brûler les étapes, mais de tenter de réunir les conditions qui lui permettraient de passer immédiatement à la vitesse supérieure. D'où la proposition non sollicitée de démonstrateur, connue sous le nom de code *Blue Book*, rédigée par Jacques Hauvette en décembre 1985 et janvier 1986, aussitôt acquis l'aval de Jacques Bénichou, P-DG depuis 1982, et qui a donc conduit l'entreprise tout au long de la traversée de cette période de fortes turbulences. Pierre-Henri Gourgeon, directeur des programmes militaires (un ancien pilote militaire qui fut notamment responsable des programmes moteurs au STAé), est tout aussi convaincu de l'intérêt de choisir cette voie.
La conception du système d'armes à propulser étant loin d'être finalisée, l'idée maîtresse est de préserver une plage de puissance très large, de 6,5 à 13,5 tonnes, le démonstrateur devant être dessiné pour 7,5 tonnes, « point moyen raisonnable ». Il ne relève pas d'une simple moyenne arithmétique mais aussi d'une saine logique puis qu'il s'agit de la poussée du F404, lequel devrait

Éternel Tyne

Pour reprendre une expression en vogue, on est tenté de qualifier le Tyne de programme « inoxydable », pour ne pas dire éternel. Ses origines n'ont rien à voir avec Snecma : c'est un turbopropulseur conçu par Rolls-Royce et produit en Europe continentale par un consortium mené par Hispano-Suiza. Cette dernière société est entrée dans le groupe Snecma en 1968.
Bel exemple de longévité des programmes aéronautiques, le Tyne a plus d'un demi-siècle. Il a en effet été étudié par Rolls-Royce au début des années 1950 et a tourné au banc en avril 1955, peu avant le début de ses essais en vol sur un Avro Lincoln. En un premier temps, la société britannique visait la motorisation de transports civils, les Vickers Vanguard et Canadair CL-44, la puissance initiale étant de 4 785 CV. Le Tyne a ensuite été choisi pour propulser le Short Belfast de la Royal Air Force et le gros hélicoptère birotor Westland Rotodyne (qui n'eut pas de suite).
Deux programmes militaires européens ont donné ses lettres de noblesse au Tyne, le patrouilleur Breguet Br-1150 Atlantic et le cargo C160 Transall. Le Royaume-Uni n'étant pas associé à ces opérations, le Tyne a été produit sur le continent pour équiper ces deux avions, après acquisition de la licence par Hispano-Suiza et MAN Turbo début 1962. La part de la société française avait été fixée à 44 %, MAN Turbo (Allemagne) recevant 28 % de la charge de travail, FN Moteurs (Belgique) 8 %, le solde, c'est-à-dire 20 %, restant chez Rolls-Royce.
Dès la signature de l'accord, il devient habituel d'évoquer par commodité le « consortium Tyne », lequel a obtenu l'exclusivité de la motorisation de tous les Atlantic et Transall à produire, cela à un prix ne pouvant dépasser celui qui aurait été demandé par Rolls-Royce en cas d'achats directs. La répartition des tâches évite soigneusement toute duplication, le principe de la source unique étant appliqué de manière systématique.
Curieusement, le consortium Tyne n'est pas doté d'une personnalité juridique et se contente pour fonctionner d'un comité de direction.
Un « consortium » technique est chargé des éventuelles modifications avec la participation des services officiels. De même, un consortium de production prend la responsabilité industrielle de la fabrication sous licence du moteur. Depuis son apparition, le Tyne a évolué et est devenu plus puissant. En effet, la version qui fait l'objet de l'accord développe 6 665 CV.

L'Atlantic, devenu Atlantique 2 (ou ATL 2) lors de sa modernisation, connaît une carrière exceptionnellement longue. Il est doté de deux Tyne, turbopropulseur d'origine Rolls-Royce, produit en France par Hispano-Suiza.

Le Transall (Transport Allianz) est développé par un consortium de droit allemand, Arbeitsgemeinschaft Transall, qui réunit Hamburger Flugzeugbau, Weser Flugzeugbau et Nord-Aviation. Bien entendu, au fil des restructurations européennes, ces noms historiques ont cédé la place à d'autres, Sud-Aviation puis Aérospatiale en France, Messerschmitt-Bölkow-Blohm (MBB) puis Deutsche Aerospace et Dasa en Allemagne. L'Afrique du Sud et la Turquie ont également acquis des Transall.
Le Transall connaît une carrière d'autant plus longue en France et en Allemagne que son successeur, l'Airbus A400M, a été lancé avec beaucoup de retard. Cette situation a bien entendu pour conséquence de prolonger d'autant la vie opérationnelle du Tyne. Cette longévité est confortée par la carrière tout aussi longue de l'Atlantic auquel ont collaboré à l'origine, outre Breguet, Sud-Aviation, Dornier, MBB et deux partenaires belges, Avions Fairey (devenue par la suite Sonaca) et Sabca.

Modernisé, l'Atlantic a bénéficié de l'appellation francophone Atlantique 2, une version lancée en septembre 1978, achetée par la France, l'Allemagne, l'Italie et les Pays-Bas, et qui est actuellement à mi-vie. Sa succession fait l'objet d'échanges de vues depuis de nombreuses années mais tarde à donner naissance à un programme concret. Dans ces conditions, le Tyne, qui génère une charge importante de rechanges et de maintenance, a encore un bel avenir devant lui. Le Tyne totalise plus de 5 millions d'heures de vol. Le suivi des rechanges est assuré par Snecma Services.

Vue de face d'un Atlantique 2, avion européen par excellence, considéré comme un précurseur en matière de coopération internationale. Les hélices sont dues à Ratier-Figeac.

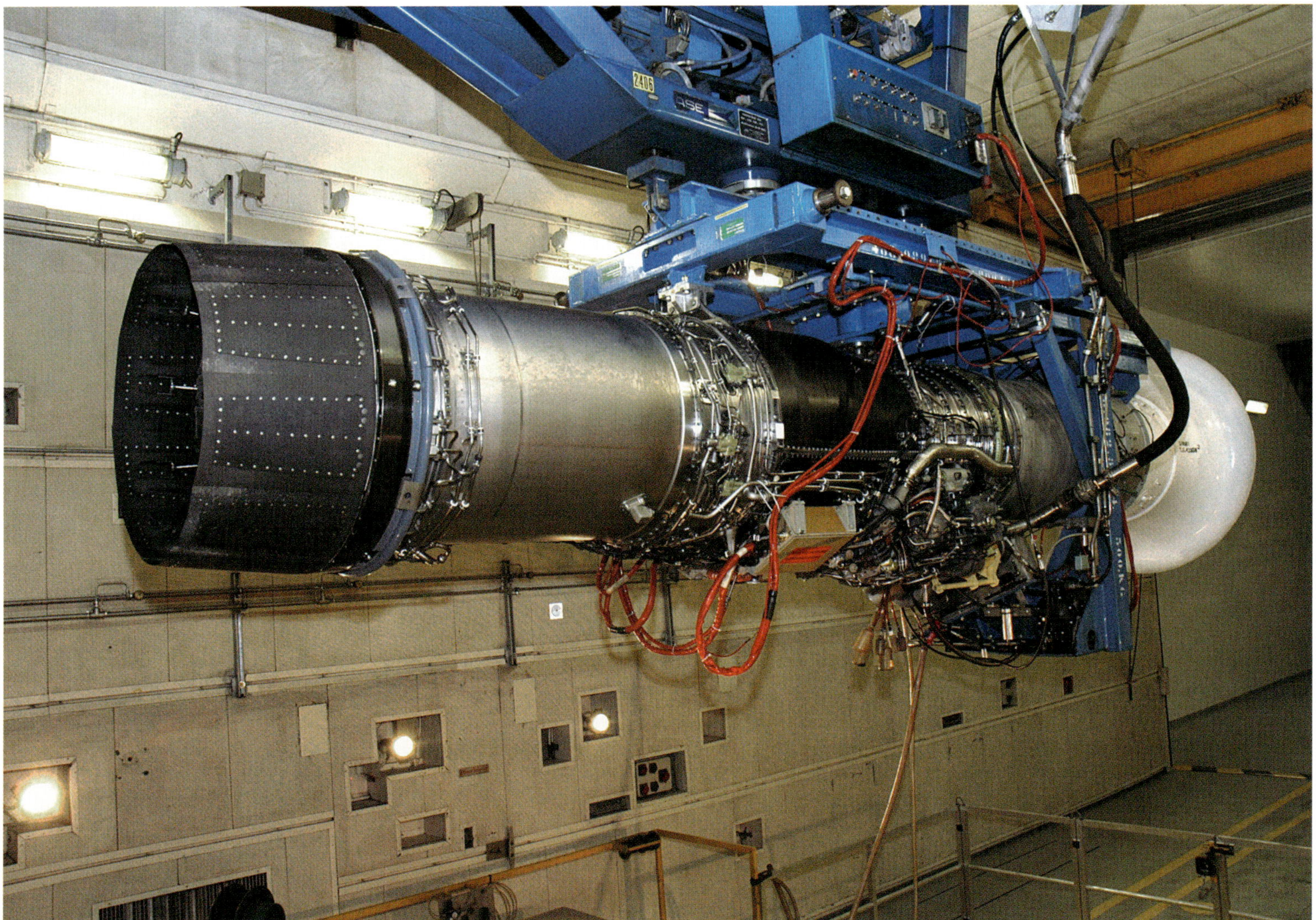

Essais au banc, à Villaroche. Ce document met en évidence la tuyère à section variable.

équiper le démonstrateur Rafale A. C'est aussi la taille retenue pour le futur moteur de l'EFA, European Fighter Aircraft, futur Eurofighter/Typhoon, le EJ200 du consortium Eurojet.

Au plan technique, le M88 affiche de grandes ambitions, notamment en adoptant une température devant turbine de 1 850 K ou encore la possibilité de monter à 9 tonnes avec un compresseur basse pression plus gros. Cette précision, qui n'est pas énoncée publiquement à l'époque du *Blue Book*, revêt un intérêt particulier : elle indique que le bureau d'études envisage d'entrée de donner naissance, au fil des années et de l'évolution de la demande, à une véritable « famille » M88.

Finalement, il faudra attendre avril 1987 pour franchir le cap du lancement complet du M88, au forfait. Snecma est « priée » de financer 25 % du développement à amortir sur les commandes export qui, espère-t-on, vont suivre. Le premier essai au banc interviendra en février 1989, la première épreuve de puissance dès le mois suivant et le premier vol sur Rafale en février 1990. Il est assuré par un Rafale A dont la propulsion est « mixte » pour la circonstance, un F404 et un M88. Le premier Rafale « tout M88 », le C01, volera en mai 1991 tandis que l'homologation du moteur interviendra en décembre 1995. Ce sont des délais courts, tenus sans difficultés notables, permis par la politique d'anticipation formulée dès le tout début des études. Au plan financier, on sait aujourd'hui que le coût de développement du M88 est comparable au coût de la part allemande de l'EJ200, hors TVA. Ce qui revient à confirmer que la coopération, si elle allonge avantageusement les séries, entraîne aussi des dépenses supplémentaires importantes.

De manière générale, le Rafale, son moteur M88-2 et le système d'armes à proprement parler (essentiellement Thales et EADS) ont connu un développement très régulier qui n'a pas souffert de difficultés majeures. Qui plus est, il est resté dans les limites de coûts prévues, ce que confirme le ministère de la Défense.

En revanche, le calendrier initialement prévu n'a pas été respecté, cela pour des raisons budgétaires. La plupart des rendez-vous financiers ont fait l'objet de négociations ardues, de compromis et de reports. C'est ce qui explique que la livraison du premier Rafale M à l'Aéronautique navale ne soit intervenue qu'en 2001.

La flottille 12F de Landivisiau de l'Aéronautique navale a été déclarée opérationnelle sur Rafale standard F1 en 1994 et, à la mi-2006, les Rafale B et C au standard F2 de l'escadron EC 1/7 Provence de l'armée de l'Air, basé à Saint-Dizier, sont devenus opérationnels. Le ministère de la Défense prévoit, depuis l'origine du programme,

Génération M88

Un Rafale M décolle du porte-avions *Charles-de-Gaulle*. Pour la première fois, l'aéronautique navale et l'armée de l'Air utilisent le même type d'appareil de combat. Les effets bénéfiques de cette harmonisation sont évidemment considérables, d'autant que la production, pour répondre aux seuls besoins nationaux, est ainsi programmée sur base de 294 exemplaires. Dans le passé, une telle manière de faire n'était pas envisageable dans la mesure où la notion de polyvalence des systèmes d'armes ne pouvait pas être poussée suffisamment loin. C'est aussi une autre manière de souligner que le Rafale est un appareil « multirôle ».

La configuration M88-2 constitue l'aboutissement de nombreuses années d'études préparatoires et d'application persévérante d'un programme sélectif de recherche et de développement.
Il allie des exigences opérationnelles d'une sévérité sans précédent, notamment un rapport poussée/masse sans commune mesure avec la génération précédente, la capacité à passer du ralenti à pleine postcombustion en 3 secondes à peine et de permettre au Rafale de voler à Mach 2 à 15 000 mètres d'altitude sans faire appel à la PC.
On a tôt fait de comprendre que le M88 illustre parfaitement ce qu'il est convenu d'appeler l'état de l'art : la température devant turbine est finalement de 1 850 kelvins (1 577 °C), le taux de compression est de 24,5, le débit d'air de 65 kilos/seconde.
Le moteur a conservé l'architecture imaginée dès les premiers coups de crayon : c'est un double corps double flux qui se compose d'un compresseur basse pression à trois étages, d'un compresseur haute pression à six étages, d'une chambre de combustion annulaire non polluante, d'une turbine haute pression à un étage, d'une turbine basse pression elle aussi à un étage, d'une postcombustion de type radial et d'une tuyère convergente à section variable. À noter l'emploi d'aubes de turbine monocristallines et de disques réalisés selon la technique de la métallurgie des poudres.
La régulation est bien entendu numérique à pleine autorité.

Des avancées importantes ont été appliquées au moteur pour en réduire la signature électromagnétique et infrarouge.
L'aspect le plus remarquable du M88-2 est qu'il fournit 7,5 tonnes de poussée (17 000 livres, 75 kN) alors qu'il ne pèse que 897 kilos. Sa longueur est de 3,53 m, son diamètre d'entrée de 69,6 cm.
La notion d'une « famille » M88 garde toute son actualité. Un démonstrateur nommé ECO, comportant notamment un compresseur basse pression à débit augmenté et des améliorations de la turbine haute pression, a tourné au banc à l'automne 2004.
Les essais ont prouvé que ces évolutions permettent, soit d'atteindre la poussée de 9 tonnes, soit de réduire la température de fonctionnement à la poussée nominale de 7,5 tonnes et donc d'augmenter significativement la longévité du moteur.

Changement d'un moteur sur un Rafale terrestre. Une opération prise en considération dès le stade des études et simplifiée au maximum.

Les bancs d'essai de Snecma permettent de surveiller et d'enregistrer de très nombreux paramètres qui, en phase de développement, sont indispensables à la mise au point des moteurs.

de commander 294 appareils, dont 60 pour la Marine.
Les performances du Rafale sont impressionnantes. L'armée de l'Air indique comme vitesse maximale Mach 1,8 ou 750 nœuds (c'est-à-dire 1 390 kilomètres/heure), un taux de montée de 1 000 pieds/minute et un plafond opérationnel de plus de 55 000 pieds. La masse maximale au décollage est de 24,5 tonnes. En mission de pénétration, le rayon d'action du Rafale est « supérieur à 1 000 kilomètres » et son temps de patrouille en défense aérienne est de plus de trois heures, grâce à la consommation spécifique favorable du M88-2.
La production du Rafale pourrait se poursuivre au-delà de 2020, d'autant que des ventes à l'exportation sont espérées. Dassault Aviation estime que le marché export accessible au Rafale, d'ici à 2025-2030, se situe entre 2 400 et 3 000 appareils. L'industrie française vise 10 à 15 % de ce marché.
La cadence de production atteint 1,5 avion par mois en 2007, ce qui correspond à une moyenne de 3,5 à 4 M88-2 par mois en tenant compte des rechanges. Une cadence modeste que de nouvelles applications ou des commandes à l'exportation pourraient permettre de relever. ■

Avec le Rafale, Dassault Aviation, Snecma, Thales et d'autres industriels ont illustré la capacité de la France à développer de bout en bout un système d'armes de nouvelle génération extrêmement performant.

CFM International : par-dessus l'océan

Snecma et General Electric parlent tout simplement de *joint-venture*, d'initiative commune. Une appellation singulièrement modeste pour une association de grande ampleur, qui plus est transatlantique, CFM International. Cette alliance a donné naissance à une famille prolifique de moteurs civils, les CFM56, à la plus grande satisfaction d'Airbus, de Boeing et de centaines d'utilisateurs. Les CFM56 équipent les nombreuses versions d'A320 et 737, le long-courrier A340, les ravitailleurs KC-135, les AWACS.

CFM International : par-dessus l'océan

La famille des moteurs CFM56, placée sous l'égide de la société franco-américaine CFM International (CFM), constitue un cas unique dans l'industrie aérospatiale. Il s'agit, en effet, d'une association transatlantique d'une ampleur sans précédent, exception hors normes à une règle non dite qui veut que de telles associations soient impossibles.

Qui plus est, à l'époque où cette alliance de longue haleine a été nouée entre Snecma et General Electric, le groupe français était encore entièrement étatique, *state-owned* dans la terminologie politico-économique américaine. Une expression secrètement empreinte d'une certaine forme de réprobation dans un pays où l'État est fermement invité à se tenir à l'écart du monde des affaires.

De plus, GE était – et demeure – une entreprise très diversifiée d'une surface industrielle et financière plus grande que celle de Snecma. Ce qui n'a pas empêché un accord entre partenaires strictement placés sur un pied d'égalité.

Le CFM56-2, tout premier représentant de la famille CFM, a connu des débuts commerciaux sensiblement plus difficiles que prévu. Les premières applications envisagées n'ont pas débouché, notamment le Dassault Mercure amélioré et l'ASMR (Advanced Short- and Medium-Range) de McDonnell Douglas.

Superlatifs

Le résultat est tout simplement spectaculaire. L'accord a été paraphé en 1974, s'est construit sur la conviction qu'un avenir prometteur s'ouvrirait à un moteur de nouvelle génération de la classe des 10 tonnes de poussée. Les études de marché, ultérieurement, ont confirmé leur bien-fondé mais le démarrage commercial de CFM a été difficile et marqué par des périodes de doute. Aujourd'hui, une gamme riche de versions dont la puissance s'échelonne entre 18 500 et 34 000 livres (8 400 à 15 450 kgp) connaît un succès qui mérite d'être qualifié tout à la fois d'historique et de planétaire. Les CFM56 ont franchi le cap des 15 000 moteurs vendus au début des années 2000 et sont aujourd'hui en route vers les 20 000 exemplaires. À ce seul titre, CFM bat tous les records antérieurs de la profession, à commencer par ceux du Pratt & Whitney JT8D, considéré comme l'inégalable moteur de référence il y a trois ou quatre décennies. Un avion propulsé par des CFM56 décolle quelque part dans le monde toutes les trois secondes !

Les chiffres sont sans précédent. Qui plus est, il est difficile d'avancer des statistiques tant elles progressent rapidement. Elles s'enrichissent très exactement d'un million d'heures de vol tous les 10 jours, du jamais-vu.

À la mi-2006, environ 6 500 avions bi et quadriréacteurs étaient propulsés par près de 16 000 CFM56, lesquels avaient accumulé quelque 325 millions d'heures de fonctionnement et près de 190 millions de cycles. Nombre d'utilisateurs : 600 !

S'il convient d'illustrer tout à la fois les notions de maturité technique et de fiabilité opérationnelle, c'est bien ici qu'il faut citer des chiffres. La fiabilité des CFM56 mesurée en termes d'avions retardés de plus de quinze minutes pour causes moteurs oscille, selon les modèles, entre 99,82 et 99,99 %, CFM ayant depuis sa création constamment établi les standards d'excellence en la matière. Éric Bachelet, directeur général de CFM, évoque avec une tranquille assurance des perspectives qui permettent de considérer les prochaines années avec sérénité mais aussi de peser les enjeux stratégiques liés à la succession du CFM56. Il explique que les court/moyen-courriers d'une capacité de 100 à 200 places correspondent à la clef de voûte du marché avec 40 % en valeur du marché total et que les compagnies aériennes se préparent à prendre livraison de 15 000 appareils de cette catégorie au cours des vingt prochaines années.

Il est d'autant moins inattendu que la cadence de production des différentes versions de CFM56 se maintienne à plus de 1 000 exemplaires par an, avec la perspective de pousser davantage les feux pour tenir compte des ventes toujours soutenues des gammes Airbus A320 et Boeing 737.

Point remarquable, depuis le 737-300, toutes les versions successives du 737 sont propulsées par des CFM56 dans le cadre d'un accord d'exclusivité qui lie l'avionneur de Seattle et le motoriste franco-américain. Ce type de coopération, au-delà de termes contractuels soigneusement pesés, suppose des liens de grande confiance entre partenaires. Et tel est bien le cas dans la mesure où, depuis le lancement du Dash 300 en 1981, c'est vainement que l'on tente de déceler le moindre désaccord entre l'avionneur et le motoriste.

Airbus, qui a lancé l'A320 en 1984, a préféré maintenir une situation concurrentielle entre deux produits, opposant ainsi CFM au consortium International Aero Engines constitué autour de Pratt & Whitney et Rolls-Royce, MTU et des industriels japonais.

Les superlatifs de tous ordres viennent à l'esprit pour évoquer la saga des CFM56, qu'il s'agisse de

leur réussite technique, sans cesse affinée, ou encore de leurs imposantes parts de marché. Au-delà de ce double constat, il convient de souligner que le choc culturel redouté entre des entreprises construites à l'image de deux mondes très différents ne s'est pas produit.
Chacun des deux partenaires avait d'excellentes raisons de chercher la réussite, le projet a été porté sur les fonts baptismaux par des hommes visionnaires et la formule de partenariat retenue a été construite sur des bases d'une simplicité biblique. La répartition des tâches est tout simplement logique et, d'entrée, Snecma et GE ont choisi de partager à 50/50 les recettes de leurs ventes de moteurs tout en gardant la maîtrise de leurs coûts. Ce faisant, la structure commune CFM a été limitée au maximum, permettant en quelque sorte de résoudre la quadrature du cercle : éviter que le simple fait de travailler ensemble, qui plus est de part et d'autre d'un océan, ne devienne une charge financière et, de ce fait, un handicap lourd à supporter.
Ce constat, de nos jours, peut paraître banal. Aussi convient-il de le replacer dans son contexte initial, c'est-à-dire celui du début des années 1970. Le supersonique franco-britannique Concorde, victime d'une implacable bureaucratie, poursuivait alors ses essais en vol tandis que le groupement d'intérêt économique Airbus Industrie venait d'être créé. Snecma et GE, pour leur part, ont opté pour la plus extrême simplicité, le partenariat *joint-venture*.
Le secteur aéronautique et spatial n'avait rien connu de comparable et, par son ampleur, CFM reste un cas unique. Ce qui ne signifie pas que le succès ait été au rendez-vous dès les premiers instants, tant s'en faut.

Premières réflexions

La genèse de CFM mérite une attention particulière. Cette coopération exemplaire fait figure d'exception à la règle et, dans cette optique, apparaît comme un cas d'école. Elle tend à démontrer la viabilité d'une association transatlantique entre partenaires placés sur un pied de stricte égalité.
Elle indique aussi qu'au-delà d'un langage technique commun, deux sociétés culturellement aussi différentes que GE et Snecma peuvent parfaitement bien s'entendre et, qui plus est, franchir les nombreux obstacles susceptibles de se

Les industriels européens et américains ont fréquemment rencontré de sérieuses difficultés à conclure des alliances équilibrées et débouchant sur le succès. Aussi la *joint-venture* CFM International est-elle citée en exemple, d'autant qu'elle s'inscrit dans la durée. Ici, le « tiret 2 » initial.

Après les contrats initiaux de remotorisation de McDonnell Douglas DC-8 et Boeing KC-135R, le choix du CFM56-3 (ci-dessus) pour la propulsion du 737-300 modernisé a donné une nouvelle impulsion au programme.

dresser sur la route d'un tel binôme, à commencer par les importantes variations de cours tout au long de l'histoire du programme entre le dollar américain et la monnaie francaise, hier, le franc et aujourd'hui, l'euro.

Il faut remonter au tout début des années 1960 pour retrouver les origines du programme CFM56. Jean Calmon, ancien directeur délégué technique et production de Snecma, rappelle qu'un accord avait été conclu dès 1959 avec Pratt & Whitney pour ouvrir des droits à licences et échanges d'actions.

United Aircraft (future United Technologies), maison mère de Pratt avait ainsi acquis 10,9 % du capital de Snecma, les dirigeants de l'époque, à Paris et East Hartford imaginant alors de construire pas à pas une coopération prometteuse.

À cette époque, Pratt était en situation de domination du marché de la propulsion civile, avec 90 % environ des commandes, Rolls-Royce étant limité à 8 % et General Electric, simple outsider, étant contenu à 2 % seulement.

La renommée de Pratt, les succès répétés des JT3D et JT8D (Boeing 707 et 727, DC-9, etc.) lui conféraient un savoir-faire et une expérience tout à fait exceptionnels. Snecma, pour sa part, estimait qu'il lui fallait impérativement s'ouvrir davantage aux marchés civils pour s'affranchir d'une grande dépendance des commandes militaires, pour l'essentiel la motorisation des avions de combat de Dassault, et croître. À cette époque, de grands espoirs reposaient encore sur Concorde, doté d'Olympus 593 (Bristol Siddeley-Snecma) mais le supersonique, même en cas de succès, ne permettrait sans doute pas de rééquilibrer le chiffre d'affaires de la société.

Ainsi, Snecma et Pratt ont exploré de nouvelles pistes et envisagé, par exemple, une coopération sur des versions améliorées de Caravelle dotée de JT8D. Ce projet a rapidement fait long feu. La coopération avec Pratt ne s'est finalement pas matérialisée comme prévu et les 60 derniers Caravelle ont finalement été propulsés par des JT8D sans participation de Snecma.

En 1968, après avoir procédé à une nouvelle analyse très attentive du marché, la direction de Snecma a acquis la conviction qu'une demande importante pour un « 10 tonnes » allait prendre

Le CFM56-3 a tourné au banc en avril 1982 et a volé pour la première fois sur 737 en mars 1984, prélude à sa mise en service en décembre de la même année.

corps pour propulser des court/moyen-courriers de nouvelle génération. Remontant le cours de l'histoire, Pierre Alési, à l'époque responsable des avant-projets (et plus tard chef de la marque CFM56), se souvient des prévisions établies : une demande pour un minimum de 5 000 moteurs de cette catégorie.

Plus tard, les responsables de Snecma seront amenés à revoir à la hausse cette estimation et évalueront le potentiel à long terme à non moins de 15 000 moteurs. À savoir 1 500 moteurs à l'horizon 1980, 10 000 en 1990 et 15 000 en 1997. De telles perspectives permettaient par ailleurs d'envisager une hypothèse de travail plutôt rassurante, à savoir que la demande permettrait à deux concurrents de cohabiter de manière rentable.

On notera au passage la qualité de ces prévisions, considérées comme très audacieuses en même temps que très optimistes au moment de leur énoncé, mais qui n'ont pas été démenties par les événements. En 1969, le groupe de travail « Moteurs » du comité de l'industrie aéronautique et spatiale du VIe Plan, dirigé par René Ravaud, est formel : « Il est essentiel que l'industrie française entreprenne le développement du moteur de la classe des 10 tonnes de poussée qui devrait voir le jour au début du VIe Plan. » Et de préciser que ce moteur, caractérisé par une consommation réduite et un faible niveau sonore, pourrait équiper des court/moyen-courriers « de capacité moyenne » sur un marché devant permettre de « rentabiliser convenablement le coût de son développement ».

Un avant-projet prend forme sous l'appellation M56, une idée bientôt encouragée par l'apparition du projet Mercure de Dassault, un biréacteur à 122-160 places conçu pour permettre au constructeur des Mirage d'acquérir un chiffre d'affaires supplémentaire hors ventes militaires.

Poursuivant un même objectif et habituées de longue date à travailler en symbiose, les deux entreprises ont de bonnes raisons de trouver un terrain d'entente. À la nuance près que, toutes considérations financières mises à part, le développement d'un moteur entièrement nouveau exige davantage de temps que l'étude d'un avion. Dès lors, Dassault n'a d'autre choix, en un premier temps, que d'opter pour l'incontournable JT8D,

Un Concorde d'Air France se pose à Toulouse-Blagnac à l'issue de son tout dernier vol, en 2003. Le transport supersonique franco-britannique était propulsé par quatre Olympus 593, moteur militaire construit à l'origine par Bristol Siddeley puis Rolls-Royce et adapté à une utilisation civile dans le cadre d'une coopération avec Snecma, officialisée en 1962. La version de série Mk.602 affichait une poussée de 17 260 kilos avec postcombustion.
EN PAGE DE DROITE, le CFM56-5B, l'une des variantes du « tiret 5 » spécialement adaptée aux exigences techniques propres à l'Airbus A320. Il est équipé d'un FADEC, Full Authority Digital Electronic Control.

Snecma, dans le cadre d'un accord conclu à la mi-1970, s'engageant à développer une tuyère d'éjection optimisée, un inverseur de poussée et un silencieux. Ce sera le premier matériel Snecma à être certifié civil, le 12 février 1974.
Le cours de l'histoire ne conduira pas cette association au succès, Dassault n'arrivant pas à contrer le Boeing 737, l'éventuelle version dérivée dotée de M56 plus performants ne pouvant être disponible suffisamment vite.
Dès l'époque des travaux du VIe Plan, l'importance considérable du marché potentiel nord-américain était clairement apparue. Ce qui ne constituait évidemment pas une surprise, le réseau intérieur desservant l'ensemble des États-Unis étant déjà très développé à cette époque et très en avance sur l'Europe et les autres continents.

L'heure des choix

L'année 1970 revêt une importance capitale pour la suite des événements, et cela pour plusieurs raisons. Le lancement du programme A300B a été annoncé dans le cadre du Salon de l'aéronautique du Bourget de 1969, avant même la constitution d'Airbus Industrie, et la motorisation du gros biréacteur suscite rapidement de grandes difficultés tout à la fois techniques, financières et politiques.
Pour être vraiment européen, l'A300B devrait être propulsé par des moteurs conçus et produits par le Vieux Continent. Telle est effectivement l'option qui a été retenue avec le Rolls-Royce RB.207. Ce n'est pourtant pas le souhait de Snecma qui, dans le cadre de ses accords avec Pratt & Whitney, propose le JT9D. Ses arguments ne manquent pas d'intérêt : en optant pour le moteur du Boeing 747, les responsables de l'A300 permettraient aux compagnies clientes de jouer la carte de la standardisation.
Par ailleurs, Snecma a fait alliance avec Bristol Siddeley, son partenaire dans le cadre de Concorde, ce qui leur permet de proposer un JT9D tout à la fois francisé et anglicisé, quitte à trouver un partenaire en Allemagne pour respecter totalement les règles du jeu Airbus.
Finalement, la proposition Rolls-Royce est retenue mais n'aboutit pas pour autant, le motoriste britannique finissant par déclarer forfait pour concentrer tous ses moyens sur le RB.211 développé en parallèle pour équiper en exclusivité le triréacteur Lockheed L-1011 TriStar. Un épisode aux conséquences catastrophiques pour Rolls, qui conduira la société au dépôt de bilan et déstabilisera l'avionneur californien. Airbus Industrie, ayant perdu le soutien étatique du Royaume-Uni au sortir de cette crise, choisit finalement de doter l'A300B de CF6-50, le plus gros moteur disponible à cette époque, donnant ainsi à General Electric une nouvelle occasion de remonter la pente et de grappiller de nouvelles parts de marché face au tout-puissant Pratt.
La motorisation américaine de l'A300B changeait le rapport des forces en présence en même temps qu'elle donnait l'occasion à Snecma d'apprendre à mieux connaître GE. Cela en participant au programme CF6, coopération qui s'est prolongée au fil du développement de ce moteur et qui s'est poursuivie plus tard à travers les GE90 et GP7200. Nous les évoquons par ailleurs.
Revenons au « 10 tonnes ». En 1970-1971, la France tente difficilement de trouver son chemin dans des circonstances qui ne sont pas simples. Jean Calmon, qui occupait à cette époque des fonctions d'ingénieur en chef, un excellent poste d'observation, en a dressé l'inventaire en 2003 pour la *Revue scientifique et technique de la Défense*. Il a noté que Snecma, au moment où prend forme son avant-projet M56, développe l'ensemble soufflante-compresseur basse pression du nouveau M45 et affiche ainsi de sérieuses compétences en matière de compresseurs à basse pression.
De plus, l'Olympus 593 a donné l'occasion au bureau d'études français de s'affirmer, face à son partenaire britannique, en réalisant une chambre

La chaîne d'assemblage final du CFM56-7B de Villaroche. Une autre chaîne fonctionne chez General Electric mais chacun des deux partenaires produit pièces et sous-ensembles en source unique.

de combustion annulaire, les tuyères et la post-combustion de Concorde. Au nombre d'autres atouts présentant un intérêt particulier, on relève les applications de l'électronique à la propulsion, grâce à une division spécialisée, Elecma, qui a été créée dès 1961.

Snecma dispose par ailleurs d'excellents spécialistes en acoustique, une discipline dont chacun a déjà compris qu'elle va considérablement gagner en importance : déjà à cette époque, les limitations sonores se durcissent. Enfin, grâce à ses programmes militaires, Snecma peut se prévaloir d'un savoir-faire confirmé pour ce qui est de la mise au point d'un moteur complet.

L'inventaire serait quasiment parfait s'il ne fallait admettre une sérieuse faiblesse en matière de hautes températures. En 1970, Snecma ne dispose pas encore de matériaux aussi performants que ceux qui ont été mis au point par les Américains. Une licence acquise auprès de TRW n'a résolu le problème que très partiellement, nombre d'informations étant protégées par le secret-défense et, de ce fait, diffusées parcimonieusement et avec un décalage dans le temps. La conclusion saute aux yeux : en dressant le portrait-robot de son partenaire idéal, Snecma sait qu'elle devra lui confier la réalisation de la turbine haute pression.

Bien entendu, le nombre de partenaires potentiels est limité à trois : un Européen, Rolls-Royce, deux Américains, Pratt & Whitney et General Electric. Chacun d'eux a ses mérites, ses points forts, son intérêt.

En toute logique, le nom de Pratt vient tout d'abord à l'esprit dans la mesure où un accord-cadre existe déjà et un courant d'informations est établi entre ingénieurs français et américains. De plus, en matière de moteurs civils, Pratt jouit d'un prestige considérable lié à des positions commerciales largement dominantes. Reste le fait que le succès du JT8D apparaît quelque peu encombrant, d'autant qu'on est en droit de se demander si le motoriste de East Hartford a de bonnes raisons de partager la succession dudit JT8D avec un partenaire. La réponse de principe est pourtant affirmative : le groupe United Aircraft a de grandes ambitions (la suite des événements l'a prouvé) et cherche à s'implanter davantage hors États-Unis.

L'autre candidat américain, General Electric, n'est pas implanté sur le marché civil. Il en résulte deux considérations contradictoires, selon que

l'on considère sa ferme volonté de s'attaquer aux positions totalement dominantes de Pratt et son besoin d'alliés, ou que l'on en déduise qu'il n'est pas vraiment un bon parti. Pour tout compliquer, Snecma et GE commencent au même moment à travailler ensemble, autour de l'Airbus A300B.

Sur le plan de la technologie, GE est bien placé. Les Français le constatent en participant au CF6-50, ou encore en étudiant les caractéristiques

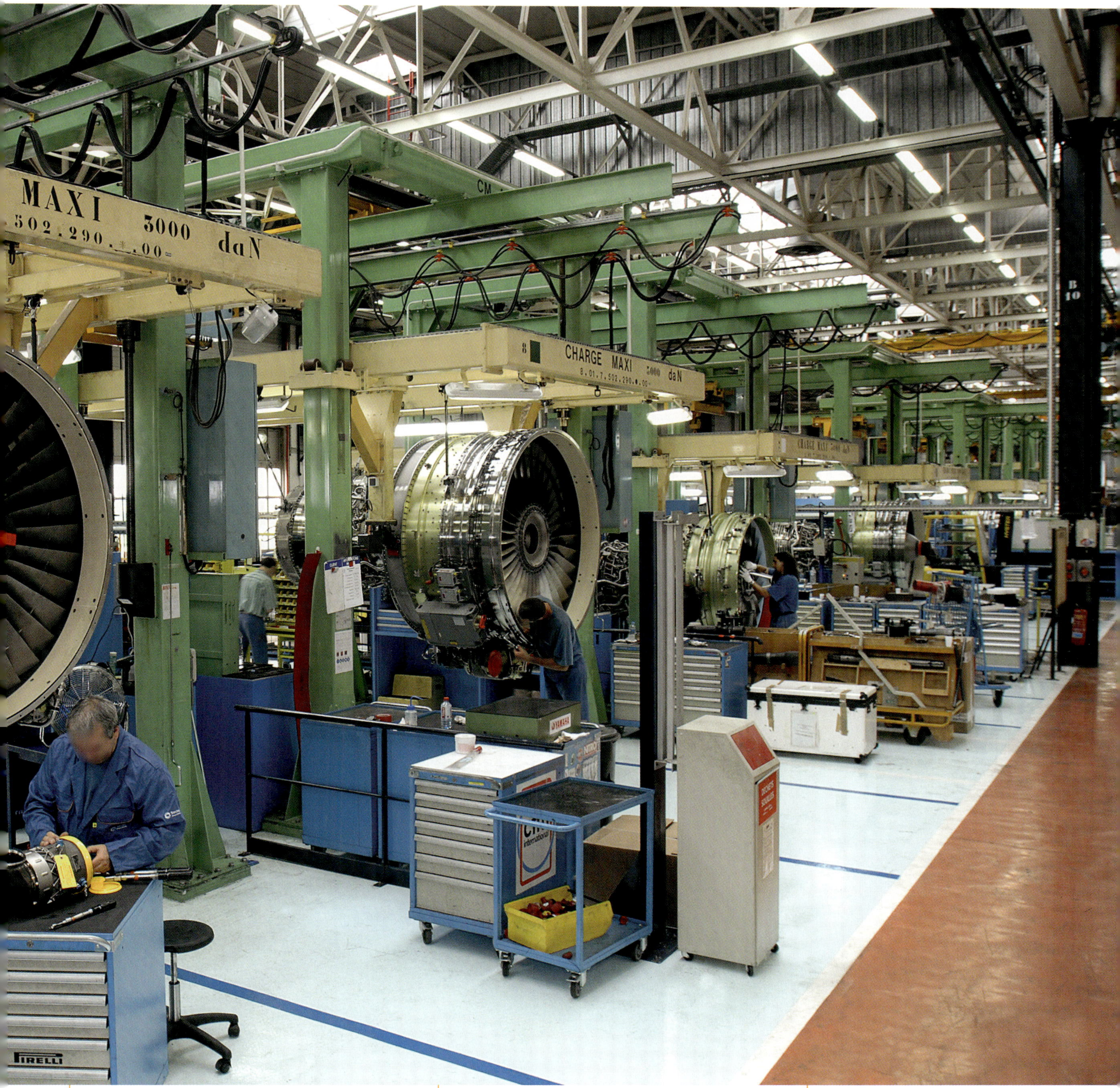

du F101-GE-100 que vient de choisir l'USAF pour propulser le bombardier stratégique Rockwell International B-1.
Autre élément de réflexion, la gamme civile de GE ne comprend pas de « 10 tonnes », si ce n'est un projet baptisé GE13. *A priori*, le bureau d'études de Cincinnati serait sans doute intéressé par un dialogue qui pourrait conduire au mariage des concepts M56 et GE13.

Last but not least, Rolls-Royce mérite une attention particulière. Toutes autres considérations mises à part, il est certain qu'une alliance entre Européens aurait un sens. Mieux, à terme, elle pourrait permettre de constituer un pôle capable de rivaliser avec Pratt et GE. Reste à savoir s'il serait possible de parler le même langage, cette évaluation intervenant peu de temps après le choix (obligé) d'une motorisation américaine pour l'A300B.

En attente de livraison, un CFM56-5B et un CF6-80E1. Une double illustration des liens étroits de Snecma avec General Electric, étendus, notamment, grâce au programme GE90.

L'année 1970 s'ouvre, sur une actualité d'une intensité exceptionnelle. La France et l'Allemagne mettent en place Airbus Industrie à 50/50, la Grande-Bretagne se limitant à un rôle de fournisseur à travers Hawker Siddeley Aviation. Snecma, on l'a vu, participe à la motorisation, c'est-à-dire au CF6-50, en même temps que Motoren-und Turbinen-Union (aujourd'hui appelé MTU Aero Engines).

Les trois partenaires potentiels de l'industrie française, par ordre alphabétique, General Electric, Pratt & Whitney et Rolls-Royce, ont tous les trois fait connaître par écrit leur intérêt pour une coopération avec Snecma.

Tout en continuant de travailler à l'avant-projet M56, Snecma multiplie les missions d'étude, examinant avec la plus grande attention les caractéristiques de ses trois partenaires potentiels. Jean Calmon (qui vient d'être nommé ingénieur en chef chargé des affaires Concorde) a eu l'occasion de travailler avec les trois « grands » et fait part de son expérience dans une note confidentielle datée du 7 avril 1970.

Sa conclusion est claire : en peu de mots, il explique que « la complémentarité des techniques General Electric et Snecma devrait être féconde » et ajoute qu'un accord permettrait à GE de se positionner sur le marché des moteurs civils de 10 tonnes de poussée. Snecma pourrait aussi bénéficier des méthodes de *management* de son partenaire.

À l'opposé, les techniques de Snecma et Pratt ne sont pas jugées complémentaires. Qui plus est, ce candidat risquerait de reprendre son indépendance pour le développement des versions du moteur qui seraient choisies par des avionneurs américains.

Enfin, on comprend la présence du tampon « Snecma confidentiel » sur ce rapport quand on lit que « la coopération avec Rolls-Royce est possible mais elle est pénible, longue et coûteuse ». Cette appréciation est rude quand on se souvient qu'à cette époque, Concorde en est au début de ses essais en vol. Bien entendu, cette appréciation demande à être placée dans son contexte historique : les rapports avec les équipes britanniques de l'Olympus étaient excellents mais il s'agissait d'ex-Bristol Siddeley. En revanche, les contacts autour du RB.207 étaient plus difficiles mais c'est de Rolls, à Derby, qu'il s'agissait là.

Compte tenu des enjeux industriels et financiers considérables qu'entraîne ce projet de collaboration transatlantique, dont la durée s'exprimera en décennies en cas de réussite, les dirigeants impliqués ont des responsabilités d'une importance particulière. Ils en sont certainement conscients et, outre les intervenants français que nous avons déjà cités, tous jouent un rôle aux conséquences importantes et qui fera date.

Le 13 février 1971, Michel Debré, ministre d'État chargé de la Défense nationale, adresse un courrier demandant à Snecma de compléter les informations fournies précédemment et de soumettre rapidement un dossier. La demande est formulée avec beaucoup de précision et indique notamment que « doivent être explorées plus avant avec les sociétés General Electric, Pratt & Whitney et Rolls-Royce les formes, l'étendue et les caractéristiques générales que pourrait revêtir une collaboration sur ce réacteur entre l'une ou l'autre de ces sociétés et la vôtre ». Une évaluation budgétaire est également demandée.

C'est à René Ravaud, qui succède à ce moment-là à Jacques-Édouard Lamy, que va revenir la tâche de mener à bien ce dossier difficile. René Ravaud a organisé le département plans et développement de la DMA qui a conduit à la création de la direction des programmes et des affaires industrielles dont il a été le premier directeur en 1965. Bientôt, chacun comprendra, notamment chez les partenaires potentiels, qu'il s'agit du *right man in the right place*.

Pratt & Whitney manque d'empressement à l'idée de remplacer les JT3D et JT8D. De plus, l'entrée en service du JT9D, qui équipe le tout nouveau Boeing 747, se fait dans la douleur. Rolls-Royce, et cela malgré les liens forts tissés à travers le programme Olympus 593, est rapidement mis hors course pour cause de dépôt de bilan. Le RB.2111 du Lockheed L-1011 a entraîné la « grande dame de Derby » dans une spirale de difficultés techniques et de dépassement de coûts, problèmes inextricables dont il lui faudra plusieurs années pour se relever.

GE manifeste un grand intérêt pour une coopération avec Snecma. Les raisons d'entente sont nombreuses, au plan technique, en matière de stratégie, et reposent en même temps sur les liens de confiance et de sympathie qui s'établissent rapidement entre René Ravaud et son homologue de GE Aircraft Engines, Gerhard Neumann. C'est tout naturellement que Snecma et GE, au fil des discussions menées tout au long de 1971, s'acheminent vers une entente que chacun est tenté de qualifier de naturelle. Le dossier remis aux autorités en octobre recommande la conclusion d'un tel accord, officialisé en décembre et signé peu après.

C'est, en réalité, l'aboutissement de deux ans et demi de discussions suivies, entamées autour du CF6-50, et qui ont permis aux dirigeants des deux sociétés de mieux se connaître et de s'apprécier.

Priorité à la simplicité

La clairvoyance des hommes qui ont négocié l'accord, on le comprend mieux avec le bénéfice du recul, était basée sur une grande volonté d'efficacité, elle-même liée à la recherche d'une manière de faire aussi simple que possible. Curieusement, deux grandes entreprises se sont comportées, en cette matière, comme des PME particulièrement performantes, ce qui n'est pas dans les habitudes des « grands » du secteur aéronautique.

En un premier temps, il s'agissait de se mettre d'accord sur des spécifications techniques, la poussée de référence retenue étant de 24 000 livres (10 900 kgp), étant entendu qu'il allait de soi qu'une modulation serait ensuite envisagée en fonction de besoins spécifiques formulés par les avionneurs, avec une étape mentionnée d'entrée à 27 500 livres.

L'appellation retenue, CFM56-2 (mais il n'y a pas eu de CFM56-1) marie la manière de faire des deux sociétés en matière de désignation de leurs produits. CF pour Commercial (Turbo) Fan chez GE, M pour Moteur chez Snecma. Compte tenu de l'existence préalable de l'avant-projet M56 chez les Français, c'est ce chiffre qui est retenu.

Au plan technique, les objectifs fixés sont ambitieux. C'est en affichant des atouts incontestables par rapport au moteur de référence que reste le JT8D que CFM peut espérer prendre place sur le marché. Aussi les ingénieurs français et américains se mettent-ils d'accord pour viser une consommation spécifique réduite de 20 à 25 %, un rapport poussée-masse de 6, c'est-à-dire un moteur allégé de 15 à 20 %, le niveau sonore devant être inférieur de 10 décibels (EPNdB, Effective Perceived Noise Decibel) à celui déterminé par la norme FAR36 alors en vigueur. En d'autres termes, CFM dit pouvoir réduire les nuisances sonores de 15 à 20 décibels, ce qui est considérable.

De manière générale, pour tendre vers de tels objectifs, il y a accord pour concevoir un moteur à taux de dilution important et dont tous les composants auront des rendements élevés. D'entrée, le concept retenu est celui d'un double corps, la partie haute pression se composant d'un compresseur à neuf étages et d'une turbine à un seul étage, la basse pression consistant en une soufflante, un compresseur trois étages et une

turbine quatre étages. Le concept prévoit cinq paliers selon une manière de faire qui a donné la preuve de son bien-fondé grâce au M45 franco-britannique, moteur conçu par Snecma en association avec Bristol Siddeley, lequel n'a pas connu la carrière espérée pour cause d'échec commercial de l'avion régional allemand VFW614.
La répartition des tâches est établie avec d'autant plus de facilité qu'il s'agit d'utiliser au mieux les compétences et les acquis de chacun. Aussi le corps haute pression, directement dérivé de celui du F101, est-il tout naturellement attribué à GE et la partie basse pression à Snecma. Snecma associe très vite à sa part un nouveau partenaire, le Belge FN Moteurs, société rebaptisée depuis lors Techspace Aero, que rejoindront plus tard Kongsberg (Norvège) devenue depuis lors Volvo Norway et quelques autres.
La longueur du moteur qui prend forme sur les planches à dessin est de 2,43 mètres seulement, son diamètre étant de 1,73 mètre.
Un tempo rapide est adopté d'entrée, l'objectif étant de faire tourner le premier CFM56-2 dès la fin 1974 et d'obtenir la certification en 1977.
Bientôt, deux événements importants secouent sérieusement les responsables de CFM, l'un négatif, l'autre positif. Le premier problème qui se pose est tout à la fois politique et militaire : les autorités américaines refusent l'exportation de la technologie du corps haute pression du F101, moteur, nous l'avons dit, du tout nouveau bombardier B-1.
C'est un coup dur, qui suscite l'inquiétude, en même temps que le dossier est propulsé au plus haut niveau, celui des chefs d'État. Il est inscrit à l'agenda d'un sommet qui met en présence Richard Nixon et Georges Pompidou et le problème est résolu en 1973 par un durcissement de la protection des technologies sensibles qui permet d'éviter leur transfert. Ce qui rassure tout à la fois l'USAF et le Pentagone. Un temps précieux a été perdu, certes, mais, sur ce plan-là, la voie est libre. Le partage des tâches, de toute manière, va permettre de travailler sans échanges de technologies.
L'autre événement est tout à la fois géopolitique et économique : il s'agit de ce qu'il sera bientôt convenu d'appeler le choc pétrolier. Un coup de force de l'Organisation des pays exportateurs de pétrole (OPEP) bouleverse profondément les perspectives de développement des transports aériens. La fin soudaine de l'ère du kérosène à

Le CFM56-5C, lancé en 1987, propulse le quadriréacteur long-courrier Airbus A340. Il est entré en service deux ans plus tard, marquant le retour de l'Europe sur un marché sur lequel les constructeurs américains étaient en situation de monopole de fait depuis de nombreuses années.

Une aube de soufflante de CFM56-5B : un bel exemple de savoir-faire de haute technologie et, d'une certaine manière... une œuvre d'art.

bon marché modifie la manière de faire des compagnies aériennes et donne une importance accrue à la recherche de la consommation spécifique la plus basse possible.

En revanche, dans le court terme, l'industrie des transports est précipitée dans de grandes difficultés qui, elles-mêmes, incitent les avionneurs à la prudence. De là à imaginer que CFM éprouve de sérieuses difficultés à trouver de premières applications pour son moteur de nouvelle génération, il n'y a qu'un pas à franchir. Au plan technique, le développement du CFM56-2 se poursuit néanmoins sans heurts et l'intérêt qu'il suscite est tout à fait réel. Mais purement académique.

L'investissement (qui n'est pas divulgué) est considérable tant pour Snecma que pour GE. Il s'accompagnera, quand le lancement commercial du programme sera acquis, de la construction d'un nouvel atelier de montage à Villaroche et d'un banc d'essais. L'établissement de Gennevilliers sera modernisé et doté d'une presse pour forgeage cotes finies des aubes de soufflante.

Par la suite, à Bois-Colombes et au Havre, Hispano-Suiza, qui s'appuie sur Hurel-Dubois, Latécoère et Redima, prendra la responsabilité des inverseurs de poussée et des chaînes cinématiques. CFM mobilisera tous les niveaux de l'entreprise et de ses filiales, sans compter son réseau de sous-traitance et de fournisseurs. À Saint-Nazaire, Snecma et GE mettront également en place une usine de carters, Famat, initialement liée au CF6-50 et CF6-80, puis au GE90, mais à laquelle CFM apportera une charge de travail considérable.

Les premiers essais au banc ont lieu aux États-Unis le 20 juin 1974, puis à Villaroche à partir de la mi-novembre. Compte tenu de l'excellence des résultats obtenus et de l'intime conviction des partenaires que le CFM56-2 va trouver sa place dans une aviation commerciale obligée de devenir très économe en carburant, il est vite acquis que le moment est venu de passer au stade de l'industrialisation.

Le programme est précisé, son calendrier affiné, les autorisations sont données de part et d'autre de l'Atlantique au cours du troisième trimestre de 1975 tandis que les autorités de certification françaises et américaines entreprennent de coordonner leurs efforts pour travailler de concert. La certification conjointe sera finalement obtenue le 8 novembre 1979.

Un démarrage hésitant

Quand on connaît la suite de la saga CFM, c'est-à-dire le succès sans précédent qui a finalement été obtenu, il apparaît d'autant plus étonnant que le démarrage du programme ait été lent et, par moments, décourageant.

Les avions de nouvelle génération que vise le CFM56-2 tardent singulièrement à devenir réalité. Le Mercure de Dassault n'est pas parvenu à s'imposer et, au lendemain de la décision d'Air France et de Sabena de ne pas le commander, le constructeur des Mirage a choisi de renoncer. D'autant que sa tentative de coopération avec McDonnell Douglas a fait long feu. Les deux industriels avaient un moment envisagé de développer conjointement un nouvel appareil inspiré du Mercure, Advanced Short- and Medium-Range, ASMR.

Les avant-projets ne font pas défaut, non seulement aux États-Unis mais également en Europe. Ainsi, Aérospatiale réfléchit à un avion à 150 places dans le cadre de travaux qui, cinq ans plus tard, arriveront à maturité dans le giron d'Airbus et donneront finalement naissance à l'A320.

La question que se posent Snecma et GE est tout autre : comment faire démarrer les ventes de CFM56, sans plus attendre, et en l'absence d'avions nouveaux ? En théorie, la réponse est simple : en proposant de moderniser des appareils déjà en service. Leur remotorisation permettrait en effet d'en réduire les coûts directs d'exploitation dans des proportions importantes, compte tenu de l'envolée du prix du pétrole.

Les possibilités ne sont pas nombreuses. Mais des relations de confiance ont commencé à se nouer entre le P-DG de Boeing, T. Wilson, et René Ravaud et Gerhard Neumann du côté des motoristes. En 1976 un accord est conclu pour motoriser le dernier Boeing 707 de série rondement menée et l'avion décolle pour la première fois le 27 novembre 1979, avec seulement 27 minutes de retard sur le calendrier établi trois ans plus tôt ! "La caractéristique la plus spectaculaire de l'avion était son très faible niveau de bruit", se souvient Jean-Paul Bernard, alors représentant de CFM à Seattle. "Le jour du premier vol, l'avion devait faire un aller-retour sur la piste avant de décoller, car aucun autre essai de roulage n'avait été jugé nécessaire au préalable. Après cet aller et retour, l'avion a repris la piste, et il faisait si peu de bruit que j'ai cru qu'il faisait encore un roulage pour vérifier quelque problème technique… mais non, c'était bien le premier décollage !" Cette démonstration sera malheureusement sans lendemein commercial, mais elle aura grandement contribué à la crédibilité du CFM56 sur le marché et à celle des équipes Snecma auprès de Boeing. Les bureaux d'études de Boeing, en 1979, envisagent bien de moderniser le vénérable quadriréacteur 707 mais le projet n'aboutit pas. Cette tentative s'est pourtant faite avec l'appui du P-DG de Boeing luimême, T. Wilson. Par ailleurs, Boeing constate que le CFM56 pourrait donner un coup de jeune au 737-200 mais l'idée tarde à mûrir.

Les bureaux d'études de Boeing ont bien intégré à leurs réflexions le « facteur CFM », ce qui explique la proposition faite au Pentagone de remotoriser les ravitailleurs KC-135. Une idée qui va bientôt faire son chemin.

Parallèlement, des négociations sont amorcées par CFM avec McDonnell Douglas, sachant que les versions allongées du DC-8, les séries 60, afficheraient des caractéristiques économiques intéressantes en cas de remotorisation avec des CFM56-2. CFM conclut alors un accord avec la société californienne Cammacorp et la charge tout à la fois de soutenir cette idée et, en cas de succès, d'installer les moteurs franco-américains sur les long-courriers qui bénéficieraient ainsi d'une cure de jouvence.

Plus tard, les dirigeants de l'époque reconnaîtront ouvertement que « le CFM56 a pris son essor dans la douleur » mais jamais ils ne perdront la foi. Bien leur en a pris dans la mesure où leur persévérance a fini par payer : en mars 1979, United Airlines, Delta Air Lines et Flying Tiger décident de remotoriser un total de 50 DC-8-60, exemple bientôt suivi par une quatrième compagnie américaine, Capitol, puis par Cargolux (Luxembourg) et Spantax (Espagne). Au total, très exactement 110 DC-8 seront ainsi modernisés et rebaptisés séries 70, un marché correspondant à la production de 525 moteurs.

En 1981, ce sont les militaires qui confortent ce démarrage encore timide : l'USAF décide de remotoriser progressivement sa flotte de plus de 500 KC-135 en les dotant d'une variante du CFM56-2 (ils deviennent alors des KC-135R, Re-Engined). L'armée de l'Air française en fait autant pour ses onze appareils du même type, qui

Un carter intermédiaire de CFM56-7. Ce dernier a été qualifié de moteur de nouvelle génération au moment de son lancement en 1993, compte tenu de ses avancées technologiques. Il est monté sur les 737-600, 700, 800 et 900.

deviennent des KC135FR (French, Re-Engined), prélude à la remotorisation d'AWACS quelques années plus tard.

737-300 et A320

Le « vrai » départ du CFM56 finit par poindre à l'horizon quand Boeing commence sérieusement à envisager de lancer un 737 de deuxième génération, bientôt appelé 737-300. La stratégie est claire et tient en peu de mots : en dotant un avion existant de propulseurs sensiblement moins gourmands (le gain atteint 21 %), et en allongeant le fuselage, il serait possible de marquer des points vis-à-vis de la concurrence (essentiellement McDonnell Douglas) moyennant un investissement limité. En effet, le « nouveau » 737, tel qu'il est imaginé en 1980, conserve 70 % environ des éléments du 737-200.
Pratt & Whitney et Rolls-Royce ne sont pas en mesure, à ce moment-là, de contrer le CFM56 (plus tard, ils vont se concerter et imaginer ensemble le V2500), ce qui revient à dire que les équipes de CFM se retrouvent en face d'un client potentiel de première importance sans devoir contrer un quelconque rival.
Techniquement, une variante à poussée réduite du CFM56 conviendrait parfaitement à une nouvelle version du 737 et CFM entreprend fin 1978 des études de "CFM56 junior". Deux avant-projets sont examinés : un avec soufflante de 55 pouces et une poussée de 18 500 livres, l'autre avec une soufflante de 60 pouces et une poussée de 20 000 livres. Néanmoins, un problème se pose dans la mesure où le 737 est « bas sur pattes » et aucun des deux avant-projets ne peut être installé sous l'aile. Pas question de rallonger le train principal, ce qui exigerait de munir de toboggans les issues de secours situées à hauteur des ailes, cela avec une pénalité de poids. Finalement la difficulté est résolue grâce à plusieurs astuces : le moteur est collé au maximum sous la voilure et légèrement cabré, le train avant est rallongé, Boeing accepte de réduire un peu la garde au sol et, surtout, CFM imagine de placer le boîtier support d'équipements sur le côté et non plus au-dessus du moteur. C'est cette configuration qui donne à la nacelle du 737-300 sa forme caractéristique, avec des "bajoues" et sa partie inférieure aplatie. Grâce à cette conception, la version la plus grossse du "junior", baptisée CFM56-3, permet de donner naissance au 737-300, un avion à 122/149 places d'une masse maximale au décollage de 56,4 tonnes. Que le mariage 737-CFM56 soit heureux ne constitue pas vraiment une surprise : le moteur franco-américain a précisément été imaginé pour ce type d'application. Les compagnies aériennes à la recherche d'économies opérationnelles ne s'y trompent pas. Le coup d'envoi est donné en mars 1981 par deux transporteurs américains, USAir et Southwest Airlines. Elles s'engagent chacune

pour dix exemplaires, ce qui est loin d'être spectaculaire mais d'autres contacts confirment que l'intérêt suscité par le 737-300 est bien réel. Aussi le conseil d'administration de Boeing autorise-t-il le lancement effectif du programme dès le 26 mars, tandis que sont aussitôt engrangées d'autres commandes. Toutes sont d'ailleurs nord-américaines : America West, CP Air et Western Airlines. Le premier client européen est Orion, un transporteur britannique.

Dans les mois qui suivent, l'envolée commerciale du dernier-né de Boeing est spectaculaire et un millier de Dash 300 sont vendus en deux ans, un record. Les partenaires de CFM affichent une légitime satisfaction, en même temps qu'ils avouent leur soulagement. La lenteur du démarrage du CFM56 leur a valu de grandes frayeurs mais leur persévérance est récompensée. De plus, dès ce moment, il n'est pas exagéré de parler de gamme dans la mesure où apparaissent les CFM56-3B2 (22 000 livres) et CFM56-3C1 (23 500 livres), le 737 se déclinant lui-même en plusieurs versions qui lui permettent d'asseoir définitivement sa percée sur un marché très porteur.

Bien entendu, les partenaires d'Airbus observent la situation avec une attention particulière. De longue date, ils envisagent eux aussi de créer un 150 places et plusieurs avant-projets ont déjà été envisagés. Finalement, ils admettent que le temps des initiatives individuelles est révolu, confirment qu'Airbus n'est pas limité aux seuls A300B-A310 et peut étendre son territoire à de « petits » avions monocouloirs.

Reste à trouver la formule qui permettrait de contrer le 737-300, lequel bénéficie tout à la fois d'une avance confortable et d'un carnet de commandes bien rempli. En revanche, sur le plan de la motorisation, Seattle et Toulouse sont évidemment à égalité, d'autant que CFM conserve la liberté de placer le CFM56-3 où il l'entend.

Airbus, dès les premiers contacts, exige néanmoins une nouvelle avancée et propose l'idée d'une réduction de la consommation spécifique de l'ordre de 7 à 10 % en même temps qu'une poussée portée de 23 000 à 25 000 livres. C'est le futur CFM56-5.

Pour tendre vers cet objectif, CFM choisit la recherche de meilleurs rendements sans modifications importantes au cœur du moteur. La taille et l'architecture du moteur restent inchangées mais la plupart des composants bénéficient des derniers progrès techniques avec, notamment une nouvelle soufflante qui bat un record de rendement. De plus, la régulation électronique fait son apparition avec le FADEC, Full Authority Digital Electronic Control, régulation électronique numérique à pleine autorité.

Les discussions qui sont engagées correspondent tout à la fois à un moment important de l'essor de CFM et à un tournant décisif dans le développement d'Airbus. Si le motoriste peut s'appuyer sur le succès de la famille 737, il souhaite aussi trouver d'autres débouchés de manière à parfaire sa montée en puissance. Pour sa part, l'avionneur a bien compris qu'il lui est indispensable de s'installer sur le marché des court/moyen-courriers à 150 places environ pour amorcer la mise en place d'une vraie gamme de produits.

Les premiers projets appelés provisoirement SA 1 et 2 (SA pour Single Aisle, monocouloir) donnent bientôt naissance aux A320-100 et A320-200. L'objectif est de provoquer une rupture technologique qui permette aux Européens de marquer leur différence et d'afficher leurs grandes ambitions. Dès lors, l'A320 est conçu autour de commandes de vol électriques et d'une informatique de bord très sophistiquée qui gère l'enveloppe de vol. Le FADEC de CFM trouve parfaitement sa place dans ce contexte résolument novateur.

En matière de propulsion, les circonstances sont différentes de celles qui prévalaient au moment de la genèse du Boeing 737-300. Airbus, selon sa politique constante, veut offrir un choix de deux types de moteurs à ses clients et, de ce fait, exclut le principe de l'exclusivité. Pratt et Rolls, regrettant d'avoir laissé partir le 737-300 sans eux, décident de s'associer pour réagir. Une situation très concurrentielle s'installe, le CFM56-5-A1 affrontant à partir de ce moment le V2500 d'IAE. Il faudra partager, certes, mais c'est un facteur d'émulation considéré avec une certaine sérénité dans la mesure où le nouveau venu a construit sa stratégie sur des données qui ne sont pas les meilleures.

Pierre Bry, directeur du marketing de CFM, s'en explique en termes simples. Sur le créneau des court/moyen-courriers, il faut considérer avec une attention particulière la problématique délicate née des cycles courts mais nombreux, d'une part, des coûts de carburant et de maintenance, d'autre part. Mettre l'accent sur des coûts de maintenance particulièrement favorables influe sur la conception de la partie chaude d'un moteur et conduit, dans la mesure du possible, à minimiser le nombre de pièces. D'où un cœur doté d'un minimum d'étages haute pression, ce qui était précisément le cas du F101 de GE, ancêtre du cœur du CFM56. Le concurrent de CFM a choisi l'analyse inverse en tablant sur une forte augmentation du prix du carburant et en s'attachant moins à la maintenance.

Le verdict ? Ce sont les parts de marché qui l'expriment. En considérant une période représentative de dix ans, celle allant jusqu'à 2006, pour un total de près de 10 000 avions de plus de 100 places, CFM a obtenu 55 % des motorisations contre 16 % seulement pour IAE. Parmi les explications de ce succès, le CFM56 reste « sous l'aile » en moyenne pendant 20 000 heures de vol. On remarque en passant que c'est aussi, sur un plan plus général, une bonne manière de mesurer les progrès accomplis depuis la grande époque du JT8D. Lequel était déposé après 5 000 heures de fonctionnement.

L'A320 est lancé en 1984 et connaît rapidement un succès qui propulse Airbus dans la cour des grands en même temps qu'il accélère l'érosion des résultats de McDonnell Douglas. L'association A320/CFM56-5 confirme que la notion de famille, de gamme, est devenue une réalité. Ainsi, la version -5A3 à 26 500 livres est certifiée dès le tout début 1990, suivie moins de deux ans plus tard du -5B à 30 000 livres nécessaire à l'A321 allongé, un 185 places qui, lui-même, précède de peu la version courte de la cellule de base, l'A319.

Décollage d'un Airbus A319 d'Aeroflot, à Hambourg, où il a été assemblé. Au second plan, un A300-600ST Super Transporter, alias Beluga.

Pour compléter par le bas cette gamme de monocouloirs, Airbus lancera ensuite l'A318, un avion à 100 places qui doit décourager ses clients de se tourner vers Bombardier et Embraer dans cette catégorie. L'avionneur, à cette occasion, croyant le moment de l'innovation venu, choisit une autre motorisation, le PW6000, d'autant qu'aucune variante existante de CFM56 ne convient bien au plus petit des Airbus. C'est un marché de niche qui justifie difficilement un investissement d'une certaine importance, estime-t-on chez CFM. Quelques compagnies, Air France en tête, vont néanmoins convaincre Airbus de revoir sa position.

L'affaire A340

Une dizaine d'années seulement après sa création, Airbus réfléchissait déjà au retour de l'Europe sur le marché des long-courriers. La vocation du consortium n'était-elle pas, précisément, d'entamer une œuvre de reconquête du marché ?

Pour standardiser au maximum et contenir les coûts de développement et d'industrialisation, bientôt prend corps à Toulouse l'idée originale de développer un seul et même avion gros-porteur à décliner dans des versions à deux et quatre moteurs. Ce sont les TA9 et TA11 (TA pour Twin Aisle, bicouloir), futurs A330 et A340.

Le biréacteur peut être propulsé par des moteurs existants et, notamment, une version adaptée du CF6 de GE. Le quadriréacteur, en revanche, pose problème dans la mesure où il exige un type de moteur qui n'est pas disponible sur le marché, de la catégorie des 30 000 livres de poussée et au-delà, un « 15 tonnes ». C'est beaucoup plus que le plus puissant des CFM56 ne peut donner à cette époque en même temps qu'un segment du marché que CFM n'a pas pris en compte.

En réalité, dès leurs discussions exploratoires de 1971, Snecma et GE ont bel et bien envisagé une notion de gamme de poussées. Certes, les premiers travaux étaient centrés sur un 10 tonnes mais il allait de soi qu'au fil des opportunités, le moteur né de cette association pourrait évoluer de part et d'autre de ce repère. Le protocole signé par les deux parties en septembre 1971, baptisé *Memorandum of Agreement*, fait référence à une poussée initiale de 22 000 livres et à

Gros plan sur un CFM57-7B, sur le point d'être monté sur un 737 « Next Generation ».

deux étapes ultérieures, 24 000 et 25 000 livres. Le texte évoque également la possibilité d'aller à 27 500 livres moyennant des modifications relativement importantes.

Les applications obtenues chez Boeing tout d'abord, Airbus ensuite, ont porté sur des biréacteurs et, de ce fait, sont restées au centre de la cible initiale. Au moment où le projet TA11 va devenir l'A340, la demande change résolument de catégorie. Airbus demande en effet un moteur autrement plus puissant. CFM propose alors d'aller à 28 600 livres et conclut avec Airbus l'engagement d'atteindre cet objectif dans des délais compatibles avec le calendrier de mise au point et d'entrée en service du futur quadriréacteur européen.

Au même moment – nous sommes toujours en 1986 – le consortium IAE, qui n'est pas parvenu à déloger CFM de sa place de leader, provoque un coup de théâtre en dévoilant un projet novateur baptisé Superfan. Il s'agit du mariage du V2500 et d'une soufflante carénée de 2,72 mètres de diamètre associée à un réducteur à engrenages et capable de donner une poussée de 30 000 à 35 000 livres tout en diminuant la consommation spécifique de 15 à 20 %. Jean Calmon, non sans humour, qualifiera plus tard cette proposition « d'idéale et miraculeuse ».

Quoi qu'il en soit, les dirigeants d'IAE sont visiblement très persuasifs au point de convaincre leurs collègues d'Airbus et les directeurs techniques d'une dizaine de grandes compagnies. Lesquelles signent bientôt des engagements d'achats portant sur une bonne centaine d'A340 Superfan. Lufthansa figure parmi elles, ce que note avec un intérêt particulier la fine fleur de la communauté aéronautique. En effet, la compagnie allemande est réputée pour ses exigences, le sérieux de son plan de flotte en même temps qu'elle défend de manière inconditionnelle le concept d'un long-courrier européen. Cela pour briser le monopole de fait américain et créer une véritable émulation en haut de gamme.

Dans les mois qui suivent, des rumeurs persistantes font état de sérieuses difficultés techniques. On comprend tout d'abord que le Superfan ne pourra pas respecter le calendrier initial, lequel prévoit la livraison des premiers A340 au cours du deuxième trimestre de 1992. Dans les premières semaines de 1987, bien que les problèmes du moteur nouvelle formule ne soient pas sur la place publique, on a tôt fait de comprendre qu'un problème a pris corps. D'autant que le conseil de surveillance d'Airbus du 13 mars, contre toute attente, n'a pas donné son feu vert au double programme A330-A340.

Le deuxième coup de théâtre est encore plus spectaculaire que le premier : IAE abandonne purement et simplement son propulseur miracle ! Ralph Robins, directeur général de Rolls-Royce et par ailleurs président d'IAE, fait amende hono-

rable : il qualifie les risques techniques propres au Superfan d'inacceptables.
Pour les équipes Airbus, c'est certainement l'événement technique le plus gênant depuis l'abandon du RB.207. L'association d'idée est inévitable dans la mesure où un avion en plein développement se retrouve du jour au lendemain dépourvu de moyens de propulsion. Le problème n'affecte évidemment pas le biréacteur A330 qui est proposé aux compagnies avec un choix de trois types de moteurs, General Electric CF6-80C2, Pratt & Whitney PW4000 et Rolls-Royce RB.211-524L.
Chez Airbus, l'inquiétude succède à la mauvaise humeur. Le consortium est alors dirigé par Jean Pierson, homme fort et respecté, qui ne mâche pas ses mots. Bien entendu, il se tourne aussitôt vers CFM pour sauver l'A340 et demande à rencontrer l'état-major du motoriste franco-américain dans les délais les plus brefs.
Le 19 mars, un télex signé par Jacques Bénichou, président de Snecma, et Brian Rowe, est adressé par CFM à Jean Pierson, avec copie au numéro 2 de l'avionneur européen, Heribert Flosdorff, pour proposer une version améliorée du CFM56.
Les événements se précipitent à un moment mal choisi pour Snecma dans la mesure où le mandat de P-DG de Jacques Bénichou se termine précisément le 31 mars. C'est le général Bernard Capillon, ancien chef d'état-major de l'armée de l'Air, qui se prépare à lui succéder. Il a pris ses fonctions la veille d'un rendez-vous avec Airbus fixé au 2 avril et demande à Jean Calmon, qu'accompagne Brian Rowe, de le remplacer.
La réunion qui se déroule ce jour-là au siège d'Airbus fait partie des grands moments de l'histoire de CFM. La veille, la position volontariste de CFM a été précisée par Jean Calmon, bien sûr, Dominique Paris, directeur des programmes civils, Jean-Paul Bernard, directeur des programmes CFM56, et Jean Bilien, président de CFM. Pour GE, sont venus de Cincinnati Brian Rowe, patron de l'Aircraft Engine Group, et Lee Kapor, directeur des moteurs civils.
Un accord est conclu le soir même. Il porte sur un moteur appelé CFM56-5C, basé sur la version -5A, d'une poussée de 30 000 livres, sans augmentation de diamètre, et offrant une consommation spécifique diminuée de 3 %. Il est entendu que la poussée pourra être accrue ultérieurement (il ira finalement à 34 000 livres) et il tournera au banc dès 1989.
Cette formule sauve l'A340 tout en permettant son entrée en service au tout début 1993. Au cours des mois suivants, la conception du moteur est affinée et aboutit à des modifications relativement importantes. Le compresseur basse pression comporte quatre étages, la turbine haute pression accepte des températures plus élevées (1 360 °C) et la turbine basse pression est à cinq étages. La poussée à l'entrée en service sera finalement de 31 500 livres. Le diamètre de la soufflante est porté à 72 pouces.
Grâce à cette motorisation, les partenaires d'Airbus (Aérospatiale, Deutsche Airbus, British Aerospace et CASA) autorisent finalement le lancement industriel de l'A340 le 5 juin 1987, une décision qui connaît un retentissement d'autant plus important qu'elle est annoncée au Salon de l'aéronautique du Bourget.

737 NG et la suite

Encore : en anglais, ce mot, faux ami du français, signifie rappel. Boeing, qui a le sens de la formule, l'a choisi quand est venu le moment de lancer la troisième génération de 737, en 1993. C'est-à-dire les versions 737-600, 700 et 800, offrant respectivement 110, 126 et 162 places, une vingtaine de plus en configuration densifiée en classe unique. Réunis sous l'appellation générique NG, Next Generation, ils doivent permettre de parfaire un succès remarquable, qui se poursuit aujourd'hui. Le 737, le plus vendu des avions commerciaux, toutes catégories confondues, a passé en 2006 le cap historique des 5 000 exemplaires livrés. Mais il est confronté jour après jour à la concurrence sévère de la famille européenne A320 qui tend à lui arracher des parts de marché peu à peu accrues.
En un deuxième temps, Boeing a lancé le 737-900, un 215 places destiné à contrer l'A321 et, dans une certaine mesure, à succéder au 757 dont la production a été arrêtée en 2005.
Les 737 NG, nés d'une mise à niveau, sont dotés d'une voilure très améliorée et d'un cockpit modernisé. Ils doivent aussi beaucoup au CFM56-7B (18 500 à 27 300 livres) qui est plus nouveau que ne le laisse supposer une appellation à peine différente de la précédente. Pour encore réduire la consommation spécifique et le niveau sonore, les deux critères qui intéressent les compagnies

aériennes plus que toute autre, la partie avant du moteur a subi de profondes modifications : diamètre de soufflante très légèrement accru et porté à 1,52 mètre, aubes de soufflante à large corde pleine, nouveau compresseur basse pression.
Au moment de lancer le 737 NG, Boeing a procédé à une évaluation attentive, ce qui l'a finalement conduit à choisir le CFM56 pour la deuxième fois et à prolonger le contrat d'exclusivité originel. Ce n'était pas acquis d'avance.
La famille CFM56, prolixe et en constante évolution, a battu les records établis jadis par le Pratt JT8D. C'est évidemment un sujet de satisfaction, un thème de réflexion et, en même temps une motivation pour l'avenir. Les hommes et les femmes de Snecma, GE, CFM et de leurs partenaires, sous-traitants ou fournisseurs, hésitent rarement à évoquer le « syndrome JT8D ». Ce qui revient à dire qu'ils continuent de s'interroger sur les causes profondes de l'erreur de jugement, de stratégie, qui a conduit Pratt & Whitney à négliger la succession de son formidable *best-seller*. Un moteur qui détenait la quasi-totalité du marché et dont la place a été prise par un nouveau venu quand a sonné l'heure d'un renouvellement technologique.
Cette remarque suffit à expliquer tout à la fois l'obsession de CFM de se maintenir au niveau le plus élevé des technologies de pointe, cela au prix d'efforts incessants qui se traduisent par des programmes de recherche et développement de grande ampleur. CFM est à l'image de ce qu'il est convenu d'appeler les techniques évolutives dans la mesure où un produit, à peine lancé, entreprend une évolution marquée par des améliorations sans cesse répétées et des progrès souvent marquants.
C'est sans doute parce qu'il s'agit de conforter la notion de famille de moteurs, de continuité, de durée, que CFM a opté pour une manière de baptiser ses moteurs qui peut tromper le profane. Trois, bientôt quatre décennies d'investissements quotidiens en matière grise, en dollars et en euros, et de ce fait de substantielles améliorations de tous ordres séparent le CFM56-2 originel du CFM56-7. Reste qu'il faut plonger dans les manuels techniques pour le comprendre, compte tenu de la similitude des désignations.
Les CFM56 se vendent bien, très bien, associés à deux familles d'avions qui en sont venues à représenter la totalité du marché des monocouloirs de plus de 100 places. Un segment qui correspond à une demande qui ne cesse de croître, parce que le trafic aérien augmente régulièrement malgré les crises et le pétrole cher. De plus, les compagnies à bas coûts baptisées *low cost*, ont créé un nouveau marché, une demande considérable faite en grande partie de voyageurs qui, précédemment, ne prenaient pas l'avion. Southwest Airlines, AirTran, JetBlue Airways,

La notion de production en série, rare dans l'industrie aéronautique, apparaît comme une solide réalité dans le cadre du programme CFM56, avec des pics largement au-dessus des 1 000 moteurs annuels.

Un Boeing 737-800 aux couleurs de Ryanair. Les compagnies « low cost », en forte croissance, représentent désormais près de 30 % des ventes d'avions court-courriers.

Skybus aux États-Unis, Ryanair, EasyJet, Air Berlin et beaucoup d'autres en Europe, ainsi que des transporteurs asiatiques, ont acheté par milliers des Boeing 737NG et Airbus A319-A320, contribuant ainsi à soutenir des cadences de production sans précédent chez les industriels.
Quand la conjoncture s'effondre pour une période plus ou moins longue, les livraisons de CFM56 tombent à 700 moteurs par an. Dans les périodes fastes, il faut en produire un millier dans l'année.
Dans ces conditions, l'avenir paraît assuré. Mais le raisonnement de Snecma et GE est tout autre. Leur stratégie est celle de la prudence et de l'anticipation : tôt ou tard, Airbus et Boeing décideront que le moment est venu de mettre en chantier les avions qui succéderont aux gammes 737 et A320. Les compagnies, bien que satisfaites de ce qui leur est proposé actuellement, se permettent de temps à autre un appel du pied, plus particulièrement dans les périodes où le prix du pétrole s'envole, et cela quelle qu'en soit la raison.
Dans la plus grande discrétion, à Seattle et à Toulouse, les ingénieurs travaillent. Ils savent que pour imaginer des avions nouveaux qui constituent une véritable avancée, ils devront s'appuyer sur deux points forts, un allégement des cellules grâce aux matériaux composites… et des moteurs affichant une consommation spécifique nettement diminuée.
Le sacro-saint syndrome JT8D fait le reste : sachant que le développement d'un moteur nouveau exige davantage de temps que celui d'un avion, il s'agit d'être prêt à tout moment. CFM ne veut en aucun cas prendre le moindre risque de se laisser distancer.
Le fait est que la gamme CFM56 a déjà joué les prolongations. Dans les années 1990, à Cincinnati comme à Villaroche, chacun s'accordait à dire que le moment de la rupture technologique approchait à grands pas. D'où les investissements considérables dans TECH56 visant à développer les technologies destinées à préparer la relève, et cela avec de grandes ambitions.
TECH56 a ainsi permis de concevoir une soufflante à aubes en flèche, soit creuses, soit réalisées en matériaux composites par injection de résine dans un moule. Des structures plus légères ont été étudiées, des rendements encore accrus validés par l'application des codes de calcul en trois dimensions de deuxième génération, etc.
TECH56 a directement donné naissance au programme de développement Tech Insertion qui à partir de 2007, fait bénéficier la gamme existante des avancées obtenues.
En 2005, dans le même esprit que TECH56 a été lancé le programme LEAP56, acronyme de Leading Edge Aviation Propulsion : « à la pointe de la propulsion aéronautique ». Une fois encore, le choix a été de mettre la barre très haut : les objectifs principaux sont de diminuer les émissions de 50 %, la consommation spécifique de 10 à 15 % et de faire descendre le niveau sonore de 15 EPNdB en dessous des limites réglementaires « Stage 4 » de l'Organisation de l'aviation civile internationale. LEAP56 demande aux ingénieurs français et américains de réduire encore les coûts de maintenance, de 15 à 25 %, ce qui est considérable.
Tout est passé au crible, notamment la recherche d'une masse moindre : gagner 200 kilos sur un moteur, c'est-à-dire 400 kilos par avion, suffit à changer la donne dans la mesure où ce chiffre correspond à quatre passagers et à leurs bagages. Parmi les autres pistes, des taux de dilution plus élevés, un nombre d'aubes de soufflante moindre, moins d'étages, moins de pièces, des idées nouvelles en matière de combustion.
Le concept du moteur « intelligent » fait également l'objet d'une attention particulière. Il repose sur l'utilisation de capteurs installés sur le moteur et qui permettent d'en surveiller en permanence le fonctionnement. Ce qui permet de diagnostiquer immédiatement les dérives pouvant intervenir et prévenir les détériorations ou endommagements importants.
Quel calendrier faut-il considérer ? Airbus et Boeing se gardent bien d'avancer publiquement des repères chronologiques précis. L'un et l'autre ont fait allusion à l'entrée en service de leurs

nouveaux avions vers 2012 puis ils ont laissé entendre que 2015 serait sans doute une échéance plus réaliste.
Pierre Thouraud, directeur technique de Snecma, s'empresse de souligner qu'il ne dispose pas d'une boule de cristal qui lui permettrait de lire dans les pensées des avionneurs. En revanche, note-t-il, les spécifications imposées à des moteurs de nouvelle génération pourraient se faire plus agressives.
Sur le même thème, Jean-Pierre Cojan, directeur général de la division moteurs civils de Snecma, souligne que « les concurrents nous attendent au tournant ». Il ajoute que la marque CFM constitue un capital considérable tandis que la préparation de la relève est une entreprise passionnante. La formule qu'il utilise vaut un long discours : « C'est comme la griserie du saut à l'élastique. Ce n'est pas dangereux à condition de bien s'y préparer. » ■

Un Airbus A340-300 de Swiss. Au terme d'une négociation difficile, CFM International a été en mesure d'offrir une version du CFM56 bien adaptée au quadriréacteur long-courrier.

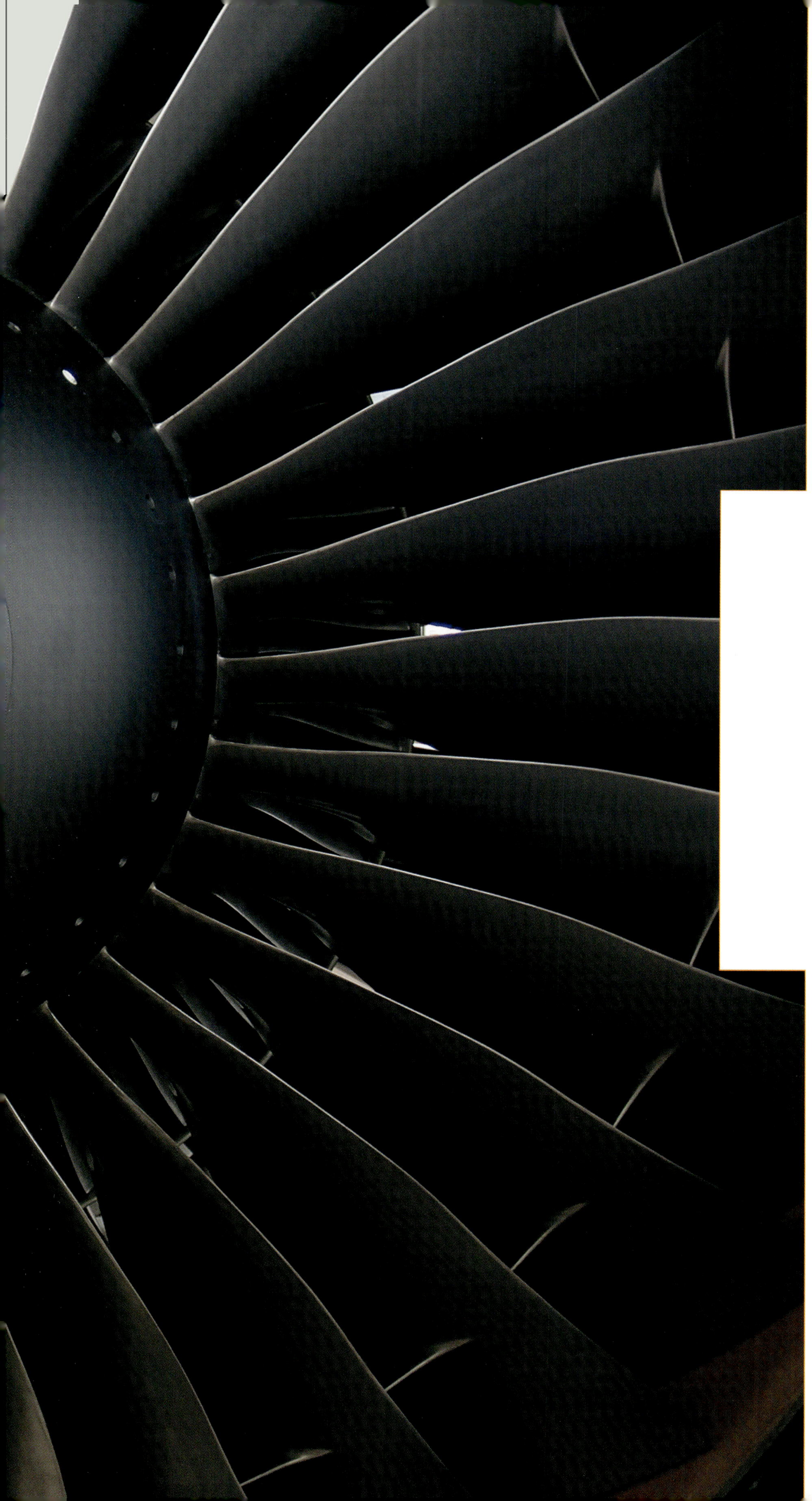

Du CF6 au Silvercrest

Snecma, né motoriste militaire, a ensuite acquis ses lettres de noblesse sur le marché des avions de transport grâce aux CFM56. Puis, la société a davantage élargi sa gamme d'activités civiles en participant à de grands programmes de General Electric, du CF6 au GE90 et enfin, récemment, en abordant l'aviation régionale avec le SaM146, avec un partenaire russe, et l'aviation d'affaires avec le Silvercrest.

Du CF6 au Silvercrest

S'il fallait chercher à convaincre le plus perplexe des observateurs de la complexité, de l'originalité et, surtout, de la difficulté de formuler une stratégie gagnante en matière de propulsion aéronautique civile, Snecma constituerait incontestablement un cas d'école.
Toutes les données sont en effet réunies au sein de la même entreprise : la nécessité impérieuse de s'appuyer sur un fonds technologique que maîtrisent en tout et pour tout quatre entreprises occidentales, la capacité à travailler dans le long terme et d'attendre patiemment une rentabilité lente à se concrétiser, l'acceptation de risques considérables. Il faut beaucoup de temps pour concevoir un nouveau moteur, les études en amont allongent considérablement les cycles de développement, ce qui revient à dire qu'il n'est pas rare qu'un motoriste choisisse un créneau technico-commercial à un moment où aucun avionneur n'y a déjà pensé. C'est une tâche ingrate et risquée.
En considérant plus d'un demi-siècle de développement de Snecma, on constate que l'entreprise a tout d'abord été « tirée » par un grand programme militaire, l'Atar, puis a bénéficié d'un infléchissement vers le civil grâce au CFM56.
C'est ce dernier qui a permis l'entrée de plain-pied sur le marché civil, au moment où le programme Concorde commençait à susciter de sérieuses inquiétudes.

Un General Electric CF6-80E1 au banc d'essai à Villaroche. Ce moteur, historiquement premier ancrage de Snecma dans la gamme civile de GE, connaît une carrière très longue.

Snecma a cherché, dès qu'elle l'a pu, à répartir les risques et, pour ce faire, à tendre vers un équilibre entre activités civiles et militaires (étant entendu que la propulsion spatiale relevait d'une tout autre logique).
Marc Ventre, directeur général adjoint du groupe Safran (et précédemment P-DG de Snecma), illustre cette visée à long terme d'une image qui ne manque pas de poésie : il s'agit, dit-il, de mettre en place des activités civiles nouvelles « qui donnent accès à la mer ».
En termes plus explicites, forte de programmes de longue haleine comme le M88 et le TP400, d'une part, la prolifique famille CFM56 d'autre part, Snecma a établi des contacts directs avec les avionneurs susceptibles d'utiliser des moteurs d'une puissance inférieure à celle de la gamme CFM.

Concorde et Airbus

On ne dira jamais assez que le supersonique Concorde, bien qu'il ait débouché sur un échec commercial, a beaucoup apporté à l'industrie aéronautique, en France et au Royaume-Uni. À commencer par une preuve étincelante de savoir-faire en même temps qu'un formidable bond en avant technologique.
En matière de motorisation, les premiers travaux exploratoires des Français, à la fin des années 1950, avaient permis de constater qu'il ne serait pas raisonnable d'envisager le développement d'un moteur entièrement nouveau. Aussi les bureaux d'études (Sud-Aviation, bien sûr, mais aussi Nord-Aviation et Dassault) ont soigneusement étudié diverses formules dérivées de moteurs disponibles outre-Manche et outre-Atlantique. Ils ont pris en compte le Rolls-Royce RB.160, d'une part, le Pratt & Whitney JT11 (alias J58), d'autre part. Tous deux étaient jugés bien adaptés à la mise au point d'un propulseur permettant une vitesse de croisière se situant entre Mach 2,2 et 2,7.
Des formules davantage novatrices ont également été envisagées, notamment l'emploi de combinés du type turboréacteur-statoréacteur, une formule à laquelle les services officiels français accordaient alors un grand avenir. D'où l'avion expérimental Griffon qui, aux mains

d'André Turcat, atteignit Mach 2,19 à 18 000 mètres d'altitude et battit le record du monde de vitesse sur circuit fermé à 1 640 kilomètres/heure.

Quand Français et Britanniques entament un dialogue qui les conduira finalement à fusionner leurs projets de supersoniques civils, il est acquis que la motorisation de Concorde sera européenne. La British Aircraft Corporation penche en faveur d'une proposition formulée par Bristol Siddeley tandis que Snecma s'intéresse davantage aux idées de Rolls-Royce.

C'est quasiment une inversion des rôles. Toutes autres considérations mises à part, en effet, Bristol Siddeley entretenait des liens privilégiés avec la France depuis une époque lointaine, celle de Gnome & Rhône puis des productions sous licence de l'immédiat après-guerre comme l'Hercules.

Quoi qu'il en soit, la technique reprit rapidement ses droits et les concepts BAC223 et Sud-Aviation Super Caravelle, lorsqu'ils se sont rapprochés, ont adopté l'Olympus de Bristol Siddeley. Il équipait l'impressionnant bombardier à aile delta Vulcan du Bomber Command de la Royal Air Force dans des versions successives qui atteignent bientôt plus de 9 tonnes de poussée.

En janvier 1959, le même Olympus est choisi pour propulser le gros biréacteur Vickers/English Electric TSR.2, TSR pour Tactical Strike and Reconnaissance. Le moteur bénéficie en même temps d'importants développements qui portent sa poussée maximale à 14 970 kgp.

Bientôt prendra forme, sur papier, une variante civile, baptisée Olympus 593. C'est un moteur à simple flux et double corps caractérisé par un compresseur basse pression à sept étages, un seul étage de turbine basse pression, un compresseur haute pression lui aussi à sept étages, un étage de turbine haute pression et une postcombustion. La version de série, après une étape intermédiaire, donnera une poussée maximale de 17 260 kgp.

La répartition des tâches, différente de celle qui prévaut pour la cellule, attribue un tiers de l'investissement et de la charge de travail à la France et deux tiers au Royaume-Uni. Le moteur de base existe, en effet, tout au moins jusqu'à la sortie de la turbine basse pression, comme l'a rappelé Michel Lasserre, ingénieur de marque 593 au STAé, dans le cadre des recherches historiques de Comaéro.

Snecma est chargée de la postcombustion, du canal et de la tuyère primaire, de la tuyère secondaire convergente-divergente, de l'inversion de poussée et du silencieux. À l'image de l'ensemble du programme Concorde, lancé officiellement en

Un CF6-80C2. Les versions successives du moteur américain ont connu de nombreuses applications depuis l'époque de l'Airbus A300B, tout premier avion de la gamme européenne, dont le premier vol a eu lieu en 1972.

Ultime étape de l'assemblage final par Snecma d'un CF6-80C2. Ce moteur a tout à la fois scellé la montée en puissance de General Electric sur le marché des avions civils et établi les bases d'une association forte avec Snecma.

novembre 1962, l'Olympus 593 est développé sans maître d'œuvre à proprement parler, toutes les décisions relevant de comités de travail.

L'Olympus 593 a tourné au banc en novembre 1965, a fait ses premiers vols sur un Vulcan puis sur Concorde à partir de mars 1969. Une expérience unique au monde a ainsi été accumulée par la version de série Mk.610 mais la production a été arrêtée prématurément, Concorde n'ayant pas rencontré le succès espéré. Autre enseignement de cette période, l'absorption de Bristol Siddeley par Rolls-Royce en octobre 1966 n'a pas vraiment altéré la bonne entente mais, par la suite, les occasions de coopération sont restées très rares.

C'est en 1969, année du premier vol de Concorde, qu'ont été paraphés les premiers accords qui ont permis de lancer l'A300B et, quelques mois plus tard, de mettre en place le groupement d'intérêt économique Airbus Industrie.

À l'époque des avant-projets qui ont ouvert la voie au gros biréacteur européen, il était probable que sa motorisation serait confiée aux Britanniques avec une participation de Snecma pour la France et MAN pour l'Allemagne. La part de Rolls-Royce devait être de 75 %, chacun des deux autres partenaires se voyant attribuer 12,5 % du futur RB.207 (nous évoquons brièvement cet épisode dans le chapitre consacré à CFM).

Édouard Bassinot, qui fut par la suite responsable des programmes CF6 chez Snecma, a rappelé que le motoriste français n'a pas attendu Concorde et Airbus pour commencer à rechercher des débouchés civils. Des études ont été entamées dès le tout début des années soixante dans l'espoir de valoriser le savoir-faire de la société hors programmes militaires dans un but évident de diversification et de stabilité.

Les ingénieurs de Snecma et de l'ex-Bristol Siddeley, d'autant plus proches qu'ils étaient alors en plein développement de l'Olympus 593, ont estimé que le Pratt & Whitney JT9D conviendrait bien à l'A300B et pourrait être produit sous licence en Europe. Cette solution repose sur une argumentation qui est aussi commerciale : le JT9D équipe le Boeing 747, qui doit entrer en service en 1970 et, de ce fait, les compagnies aériennes apprécieraient certainement cette opportunité de standardisation technique et opérationnelle. À la mi-1967, une équipe franco-britannique conduite

par Jean Crépin, depuis peu directeur des ventes de Snecma, se rend chez Pratt & Whitney, à East Hartford, dans le Connecticut et entreprend une négociation facilitée par des accords antérieurs dans le domaine militaire. Les conditions d'un accord sont réunies, mais un choix strictement européen est retenu, c'est-à-dire une motorisation Rolls-Royce.

Le moteur choisi, le RB.207, n'existe que sur papier et il est bientôt abandonné. Son annula-

tion par Rolls constitue un coup de théâtre pour l'Europe de l'aéronautique alors balbutiante en même temps qu'elle pose un problème majeur qui risque de remettre en cause l'existence même du projet A300B. Rolls-Royce estimait ne pas pouvoir mener de front le RB.207 et le RB.211, ce dernier étant destiné à équiper en exclusivité le triréacteur Lockheed L-1011 TriStar.

Qui plus est, les Britanniques choisissent alors de se retirer du « club » Airbus et les artisans de l'A300B doivent du jour au lendemain se mettre à la recherche d'une autre motorisation. Une situation tout à la fois inattendue et délicate qui, de fait, confère à Snecma des responsabilités élargies. Au même moment, Pratt & Whitney a d'autres préoccupations et ne considère pas l'adaptation de son JT9D à un projet européen comme une priorité. Tout au contraire, tous ses efforts sont concentrés sur le 747 qui, dans la phase finale de son développement, a souffert

Les espoirs déçus du M45

Photographié au-dessus des chutes du Niagara, le biréacteur allemand VFW 614, avion régional propulsé par deux M45H. Arrivé trop tôt sur le marché, il n'a pas rencontré le succès espéré par l'avionneur allemand.

C'est un moteur qui est tombé dans les oubliettes de l'histoire parce que les circonstances lui ont été défavorables. Au début des années 1960, Snecma avait élargi le champ de ses recherches amont pour envisager diverses applications potentielles de concepts simple ou double flux et double corps. C'est ainsi qu'avait pris forme sur les planches à dessin le M45A (2 000 kgp), susceptible d'utilisations tout à la fois civiles et militaires et pouvant éventuellement être doté d'une postcombustion pour aller à 3 000 kgp. Le premier objectif visé, d'un point de vue commercial et industriel, était l'avion d'école et d'appui tactique souhaité par l'armée de l'Air. Au plan civil, Snecma pensait à de petits avions de transport (l'appellation « avions régionaux » ne faisait pas encore partie des habitudes).

Bristol Siddeley, par ailleurs partenaire de Snecma dans le cadre de l'Olympus 593 de Concorde, poursuivait au même moment des études centrées sur la même gamme de puissances. D'où l'idée, venue tout naturellement, de coopérer sur ce créneau. Ce qui fut fait, un accord étant signé le 26 février 1965, étant entendu que la maîtrise d'œuvre serait française. La répartition des tâches était simple. Le corps basse pression, les équipements, la postcombustion et l'« avionnage » étaient confiés à Snecma tandis que le corps haute pression était du ressort du partenaire britannique. Deux démonstrateurs (3 000 kgp) furent mis en chantier dès la signature de l'accord sous l'appellation M45F. Fait nouveau pour Snecma, un surnom lui fut attribué, Mars, un rappel historique sachant que Gnome & Rhône avait produit dans les années 1930 un moteur à pistons ainsi baptisé. Bien né techniquement, le M45F a tourné au banc, à Villaroche à la mi-1966.

Entre-temps, l'armée de l'Air et la Royal Air Force avaient rédigé une fiche-programme commune d'avion-école et d'appui tactique (l'aspect école passant tout à fait au second plan) donnant naissance au Jaguar développé conjointement par Breguet et la British Aircraft Corporation et, malheureusement pour les promoteurs du M45F, propulsé par deux Rolls-Royce/Turbomeca Adour.

Aucune autre application militaire n'étant en vue, le moteur fit l'objet d'une tentative de percée sur le marché civil, sous le nom M45H. Il fut retenu pour propulser le biréacteur allemand à 36 places VFW614, dans une configuration très modifiée. Le VFW614, appareil de conception originale, se caractérisait par une voilure basse, les nacelles enveloppant les M45H étant placées sur l'extrados. Il fut un échec commercial et, après d'ultimes tentatives de reconvertir le M45H dans des applications industrielles, il fut définitivement abandonné.

Beaucoup plus tard, l'Adour du Jaguar a rejoint le catalogue du groupe Snecma à la suite du rachat de Turbomeca à la famille Szydlowski.

d'une surcharge pondérale qui exige des moteurs plus puissants que prévu. C'est de ce fait sur Pratt que repose l'essentiel de la pression, d'autant moins enclin à se pencher sur une demande européenne.
Roger Béteille, directeur technique adjoint d'Aérospatiale chargé du dossier de l'A300B, est en contact avec General Electric qui cherche à nouer le dialogue. Se produit alors un intéressant concours de circonstances : GE, tout comme Snecma, cherche avec vigueur à développer ses activités civiles et, ce faisant, veut rompre la domination de Pratt. Les intérêts se rejoignent et créent un contexte propice à un terrain d'entente. C'est le charismatique Gerhard Neumann qui dirige l'Aircraft Engine Group de GE. D'origine allemande, il comprend mieux les Européens que ses concurrents et il affiche la volonté d'aboutir. Ce qui revient aussi à dire que les différences de statuts et de culture qui caractérisent GE et Snecma ne risquent pas de le faire reculer.
En attendant la grande idée du CFM56, qui donnera ses lettres de noblesse à l'association Snecma-GE, voici donc une occasion à ne pas manquer. En 1967, Gerhard Neumann a imaginé que le moteur TF39-GE-1 de 18 636 kgp du Lockheed C-5A Galaxy (masse maximale au décollage : 348,8 tonnes) pourrait donner naissance à une extrapolation civile. Ainsi est né le CF6D de 20 800 kgp, destiné au triréacteur long-courrier McDonnell Douglas DC-10-10.
Suivra le CF6-50A de 22 300 kgp, destiné au DC-10-30, qui vise également à concurrencer le JT9D du 747-200 et dont le gabarit convient bien au futur A300B. C'est le début du retour en force de GE sur le marché civil. Le 24 octobre 1969, Snecma devient partenaire à risques partagés du CF6 (22 %), et est bientôt rejointe par MTU (12,5 %).
L'industrie des transports aériens est alors en pleine mutation, en même temps qu'apparaît une nouvelle génération d'avions. Aussi les grandes compagnies, préoccupées par l'importance des investissements à prendre en compte, cherchent elles à créer des coopérations techniques, des synergies. C'est l'objectif de deux grands groupements, Atlas et KSSU, qui conduisent à la mise en commun de moyens d'entretien, après des choix techniques communs.
Ainsi, le groupe KSSU associe KLM, SAS, Swissair et UTA qui choisissent conjointement le DC-10-30 (de préférence au Lockheed L-1011) et signent une commande groupée de 36 exemplaires. Ces long-courriers sont propulsés par des CF6, choix qui profite aussi à Snecma et MTU et assoit la crédibilité des accords transatlantiques bien avant le démarrage commercial, au demeurant très lent, de l'A300B.

Montée en puissance

Lorsque l'accord qui lie Snecma à GE est révisé à l'occasion de l'apparition du CF6-80C amélioré, la part française passe à 27 % des moteurs montés sur Airbus et 10 % pour les autres applications. En une douzaine d'années, outre la production de sous-ensembles, non moins de 626 CF6 vont être assemblés à Villaroche.
Les CF6 forment une véritable gamme et gagnent des parts de marché à travers de nouvelles applications, sur DC-10, bien sûr, mais sur d'autres avions commerciaux apparus au fil des années. De toute évidence, Pratt & Whitney n'a pas anticipé cette concurrence et, de toute manière, n'a pas pu la contenir. Cette évolution indique que Snecma a fait le bon choix. De plus, sa connaissance du marché civil ne cesse de croître alors que, dans le même temps, CFM prend son essor. La version suivante, CF6-80E mérite une attention particulière. Snecma y participe tout d'abord pour 10 %, en source unique, sa part étant ensuite portée à 20 %, soit une charge de travail importante.

Le Boeing 777 est propulsé par deux GE90. Il s'agit du plus puissant des moteurs civils actuels. Snecma est partenaire du programme.

Montage d'un CF6-80E.

À la fin des années 1980, GE entame l'étude d'un très gros moteur civil, le GE90, et propose aussitôt à Snecma d'en devenir un partenaire majeur (23,7 % exactement) en prenant notamment la responsabilité du compresseur basse pression, d'une partie du compresseur haute pression et de celle de divers équipements (harnais électriques, démarreur, etc.) ainsi que la fabrication des aubes de soufflante en composites. Cette dernière opération est confiée à une filiale commune, CFAN, installée au Texas, qui contribue à resserrer les liens déjà étroits entre les deux sociétés.
Le GE90 bénéficie de l'apport de deux autres partenaires qui en partagent les risques, Fiat Avio en Italie et Ishikawajima-Harima Industries au Japon. Le premier est responsable de divers équipements à hauteur de 7 % et le second prend en charge la turbine basse pression, soit 8,7 % du moteur. L'objectif visé : le nouveau biréacteur long-courrier 777 de Boeing, lequel suscite beaucoup de convoitises. Pratt & Whitney et Rolls-Royce sont également sur les rangs et, dès lors, ce sont trois prétendants qui doivent se partager les faveurs des compagnies aériennes, une situation difficile qui suscite une guerre des prix d'une ampleur sans précédent.
Vient ensuite l'imposant GE90-115 de 120 000 livres de poussée (54 545 kgp !) destiné au 777-300ER. C'est le plus gros moteur aéronautique jamais conçu qui illustre, mieux que les versions précédentes, la suprématie naissante des ETOPS, Extended-range Twin-engine Operations, autrement dit la généralisation de l'exploitation de biréacteurs sur les lignes les plus longues, même au-dessus des océans.
À l'origine, par sécurité, les biréacteurs ne pouvaient guère s'écarter de routes les assurant de rester à relative proximité d'un aéroport de diversion. C'était ce qu'il était convenu d'appeler la règle des 90 minutes, c'est-à-dire le temps de vol maximal pour atteindre une piste d'atterrissage d'urgence en cas de panne de l'un des deux moteurs.
En vingt-cinq ans, la fiabilité des turboréacteurs a fait de nouveaux progrès qui ont permis d'assouplir progressivement la réglementation ETOPS. Une évolution basée non seulement sur la technique elle-même mais aussi sur l'expérience. Aujourd'hui, plus de 1 000 vols ETOPS sont assurés chaque jour par des biréacteurs Airbus et Boeing de tous types. C'est ce qui explique la décision de la FAA, annoncée en janvier 2007, de lever la plupart des contraintes réglementaires qui subsistaient.
Quelques années seulement après la genèse du GE90, d'autres projets tout en superlatifs vont

Imposant, un GE90-115B.

bientôt susciter l'intérêt des bureaux d'études des grands motoristes… et l'inquiétude de leurs directions financières. En effet, Boeing pense à une version allongée de son Jumbo Jet (les 747-500/600) tandis qu'Airbus réfléchit de plus en plus sérieusement à un très gros-porteur (les Américains disent volontiers *mega transport*) d'une capacité de plus de 500 places. Paradoxalement, les moteurs disponibles sur le marché sont trop petits ou trop gros pour propulser un tel quadriréacteur.

L'enjeu est considérable pour tout le monde et suscite des travaux dont les conclusions sont souvent contradictoires. Dans un environnement très concurrentiel, du point de vue des grands motoristes, il ne faudrait en aucun cas laisser passer une occasion sans doute unique et risquer de perdre pied en haut de gamme. Mais y a-t-il un marché pour un tel paquebot aérien ?

La question va bientôt susciter un vif débat. Après des premières manœuvres pour le moins compliquées, contre toute attente, Boeing et les quatre partenaires d'Airbus décident en 1993 de travailler conjointement à la question sous l'appellation générique Very Large Commercial Transport (VLCT). Les échanges de vues vont durer deux ans mais les projets « personnels » envisagés par les deux rivaux, 747-500 et A3XX, ne sont pas abandonnés pour autant. Quand sonne l'heure des conclusions, Boeing estime que le marché est trop étroit pour aller de l'avant et Airbus affirme le contraire.

Rolls-Royce estime pour sa part que l'analyse des Européens est fondée et propose une version du Trent adaptée à l'A3XX. General Electric et Pratt & Whitney, inquiets, hésitent à emboîter le pas à l'industriel britannique et, finalement, choisissent de s'associer. Un véritable coup de théâtre dans la mesure où ce sont des rivaux de toujours qui, à cette occasion, se tendent la main.

Pour que leur association se concrétise de manière réaliste et reçoive l'approbation du département américain de la Justice et de la Commission européenne, une filiale à 50/50 est constituée pour la circonstance, Engine Alliance. En août 1996, elle propose à Airbus et aux futurs clients de lancement de l'A3XX un moteur de 76 500 livres (34 770 kgp) baptisé GP7200. Sa longueur est de 4,75 mètres seulement mais son diamètre atteint 3,16 mètres.

General Electric propose à Snecma de prendre 20 % de sa part, c'est-à-dire 10 % de l'ensemble du moteur, en lui confiant le compresseur haute pression à neuf étages. C'est ainsi que Snecma se retrouve partie prenante dans l'A380, lancé fin

GP7200 : une double filiation

Ci-contre, un disque de turbine de GP7200. Ce moteur est né de l'association de General Electric et Pratt & Whitney et permet à Airbus de proposer aux acheteurs d'A380 le choix entre deux types de moteurs.

À première vue, on est en droit de s'étonner que General Electric et Pratt & Whitney aient choisi de créer un moteur nouveau dont l'Airbus A380 risquait d'être la seule application. Qui plus est en connaissant l'acharnement de Rolls-Royce à défendre des positions durement acquises avec les versions successives du Trent. En réalité, outre le fait que les deux motoristes américains ont ainsi affiché leur confiance dans l'avenir à long terme de l'A380, ils ne sont pas partis de rien. Tout au contraire, ils ont réduit le coût de développement du GP7200 (dont le montant n'a pas été rendu public) en tirant le meilleur parti de propulseurs existants et déjà produits en série, les GE90-115 et PW4000. Le GE-Pratt illustre parfaitement ce qu'il est convenu d'appeler l'état de l'art, à commencer par la conception entièrement réalisée en 3D. De plus, il fait appel à des aubes de soufflante courbes à profil creux, à corde large, réalisées en titane.
GP7200 constitue une appellation générique, celle d'un programme menant à une gamme de puissances. Deux versions distinctes ont reçu leur désignation propre, GP7220 pour celle délivrant 70 000 livres (31 800 kgp), GP7277 pour la variante à 76 500 livres (34 770 kgp). La première est destinée à la version passagers de l'A380 tandis que la seconde correspond aux besoins de poussée accrus de la version fret du gros avion européen. Ce dernier, dont

la production a été décalée de plusieurs années, affiche en effet une masse maximale au décollage de 590 tonnes, 70 tonnes de plus que la version passagers.
Le GP7220 a obtenu la certification de la FAA dès 2005 et vole sur A380 depuis août 2006. Snecma détient 10 % du programme GP7200, responsable de la majeure partie du compresseur Haute Pression à 9 étages.

Ci-dessous, le premier A380 propulsé par des GP7200.
En page de droite, essai au banc d'un GE90-115B.

101
INTERDICTION DE FRANCHIR

2000, le programme civil le plus spectaculaire depuis le lancement du Boeing 747 en 1965.
Le développement du GP7200 se déroule sans heurts et le premier vol sur A380 a lieu à Toulouse le 25 août 2006.

Le temps des ambitions

C'est à la fin des années 1990 que l'état-major de Snecma a estimé qu'il pouvait raisonnablement aborder une nouvelle phase du développement de l'entreprise en prenant d'autres initiatives sur le marché civil.
Les choix envisageables découlaient « tout simplement » d'une saine logique. Au-delà des limites du protocole d'accord CFM, c'est-à-dire sur le segment des grandes poussées, l'association avec GE, solide, ne demandait qu'à être consolidée et étendue. C'était donc en deçà du plus petit des CFM56 qu'il convenait de regarder, une voie offrant par ailleurs l'intérêt de mener vers des programmes d'un gabarit compatible avec la surface industrielle et financière de la société. Restait à préciser les idées susceptibles de permettre la concrétisation de cette volonté de diversifications vers les petites et moyennes puissances.
Jean-Pierre Cojan, directeur général de la division moteurs civils de Snecma, explique que les premiers travaux exploratoires ont tout naturellement conduit les équipes de marketing sur le chemin de l'aviation régionale. Cette dernière, en développement soutenu, a donné naissance à un segment qui lui est propre, celui des jets régionaux de 70 à 120 places. Un marché qui a mis de nombreuses années à se façonner, parti de plus bas (30-50 places), occupé par des intervenants initialement trop nombreux qui a connu de sérieux bouleversements, suscité renoncements (Saab), réorientations (ATR) et disparitions brutales (Fokker, Fairchild Dornier), pour ne citer que quelques exemples.
En un deuxième temps, après la disparition de Fokker, acteur historique, le secteur des jets régionaux s'est stabilisé autour de deux concurrents, Bombardier (Canada) et Embraer (Brésil). On notera au passage que ce duopole, qui rappelle celui formé par Airbus et Boeing dans le domaine des grandes capacités, est constitué de deux entreprises relativement jeunes.
Quels sont les besoins à long terme des compagnies aériennes régionales ? Et y aura-t-il des nouveaux venus permettant de créer davantage de débouchés à des propulseurs nouveaux ?
Snecma a procédé à un premier tour de piste quand AIR (c'est-à-dire ATR renforcé de manière éphémère par l'adhésion des Britanniques) a envisagé de lancer un biréacteur, l'AIR80, pour compléter sa gamme. Snecma a alors envisagé de s'associer à Pratt & Whitney Canada pour développer un moteur *ad hoc*. L'idée fit long feu, AIR préférant redevenir ATR, sans partenaire britannique et sans jet.
En 1999, de nouvelles données d'appréciation sont réunies. Elles indiquent que l'aviation régionale continuera de bénéficier d'un taux de croissance nettement supérieur aux 5 % annuels de l'ensemble de l'industrie des transports aériens et annoncent de nouveaux acteurs.
Le moment vient de formuler une vision stratégique à long terme, d'investir et, ce faisant, de prendre des risques. C'est ainsi qu'a été prise la décision d'étudier un cœur de moteur de nouvelle génération, baptisé SM146, et cela sans application connue. Telle est l'incontournable règle du jeu et le prix du risque. L'objectif : anticiper, préparer le développement d'un moteur pour avions régionaux de la classe des 12 000 à 18 000 livres (5 450 kgp à 8 200 kgp) correspondant à un bond en avant en matière de consommation et de respect de normes

Le General Electric GE90-115B, plus de 54 000 kgp !

Activité intense à Villaroche. Au premier plan, un CF6-80E1.

environnementales inévitablement appelées à se durcir.
Regardant au-delà des avions qui se trouvaient alors sur le marché, les équipes de Snecma constatent que les normes propres à l'aviation régionale américaine ont imposé des contraintes artificielles. Une barrière a été érigée entre les avions à moins de 70 places et ceux de capacité plus importante sur base de *scope clauses* régentant la profession de pilote de ligne.
Une spécificité américaine, encombrante, qui a pour résultat d'instaurer un no man's land entre biréacteurs à 70 places maximum et les plus petits des Airbus et Boeing, des appareils à 110 places ou plus. Une normalisation interviendra tôt ou tard, le marché américain, malgré son importance, ne devant pas tout régenter. Snecma se prépare ainsi à franchir l'une des étapes les plus importantes de son histoire, chercher à devenir maître d'œuvre d'un programme civil nouveau. « Une autre phase de notre histoire, différente du secteur militaire et d'un client étatique, ou encore d'un partage du type CFM », souligne Pierre Thouraud, directeur technique de Snecma.
Le démonstrateur SM146 a ensuite transformé l'intention en réalité tangible, établi la crédibilité du projet et confirmé une ferme volonté d'aller de l'avant. Et c'est précisément à ce moment-là que l'avionneur russe Sukhoi est entré en scène. Justement célèbre pour ses avions de combat, Sukhoi entamait alors une véritable révolution culturelle dont la réussite constituait la condition *sine qua non* de sa survie. Une dizaine d'années après la chute du mur de Berlin et la fin de la guerre froide, la société moscovite se trouvait dans l'obligation de réorienter sa stratégie. Sans renoncer pour autant à de grands programmes militaires, désormais construits sur des bases tout autres que celles qui avaient prévalu précédemment, il lui fallait de toute évidence se construire un avenir civil. Un raisonnement catalysé par Mikhail Pogosyan, directeur général dynamique qui, très rapidement, a changé les règles du jeu internes et a formulé une gouvernance d'entreprise adaptée à des temps nouveaux.

Superjet 100

C'est ainsi qu'est né le concept de Russian Regional Jet (RRJ), biréacteur à 68-98 places, un avion d'une masse maximale au décollage de 38 à 45 tonnes environ, capable de franchir une étape de 2 900 à 4 000 kilomètres à la vitesse de croisière de Mach 0,78. Le RRJ, rebaptisé par la suite Superjet 100, a permis à Sukhoi de constater une convergence d'analyse avec celle de Snecma puis de monter une coopération à trois grâce à l'adhésion au projet du motoriste NPO Saturn. Plus tard sont venus les rejoindre Finmeccanica-Alenia, KnAAPO, NAPO, Thales, Liebherr-Aerospace, Messier-Dowty,

**Ci-dessus, une image de synthèse du système propulsif du SaM146.
À droite, le moteur franco-russe installé sur un banc d'essai.**

Parker, Hamilton Sundstrand, Teploobmennik, Zodiac, Saint-Gobain, Sully, Ipeco, Honeywell, Goodrich, B/E Aerospace, Vibro-Meter et Autronics. Cet ensemble constitue la Superjet Team.

Pour la motorisation, Snecma et NPO Saturn ont rapidement trouvé un terrain d'entente : création d'une filiale commune baptisée PowerJet, répartition de l'investissement et des tâches à 50/50, choix d'objectifs ambitieux à commencer par une consommation spécifique inférieure de 10 à 12 % à celle des prétendants déjà en place. Et, souligne Mikhail Pogosyan, un prix de vente de l'avion inférieur de 10 à 15 % à celui de la concurrence. La responsabilité du développement du moteur et celle des parties chaudes sont confiées à Snecma, l'autre moitié du développement étant confiée à NPO Saturn. PowerJet achète par ailleurs les nacelles à la société spécialisée Aircelle, un autre membre un groupe Safran.

La précieuse expérience de Snecma en matière de coopération « longues distances », acquise à travers CFM, se retrouve ici : les partenaires conservent la maîtrise de leurs coûts et partagent les recettes, les grandes décisions relevant de la règle du consensus. Bien entendu, les coûts industriels russes sont inférieurs aux taux horaires français mais, en revanche, la productivité russe est moindre. La formule qui a été choisie, de ce fait, ne pose aucun problème insurmontable et, tout au contraire, donne du temps au temps.

L'affaire étant lancée et le rôle initial de Boeing en matière de marketing s'étant estompé, en 2006, Alenia Aeronautica a pris une participation de 25 % dans le programme Superjet 100 ainsi que 51 % d'une société de commercialisation italo-russe dont la zone d'action s'étend à l'ensemble des pays occidentaux. Cette société doit permettre au Superjet 100 d'atteindre, à terme, des parts de marché importantes, d'au moins 20 %, sachant qu'environ 5 000 avions de cette

UDF et THR

Unducted Fan (UDF), alias Turbine à Hélice Rapide (THR), ou encore « soufflante non carénée » : c'est sous des appellations variées qu'a été imaginé et testé dans les années 1980 un concept visant à obtenir de nouveaux progrès importants en matière de consommation spécifique.
Tous les motoristes se sont penchés à cette époque sur ces idées novatrices et General Electric, bien décidé à aller de l'avant, a entraîné Snecma dans son sillage en lui confiant 35 % d'un programme de démonstration technologique conduit, en 1986-1987, jusqu'au stade des essais en vol, sur Boeing 727-200 et McDonnell Douglas MD-80.
Cet UDF faisait appel à un générateur double corps à fort taux de compression envoyant des gaz comprimés chauds vers deux turbines libres contrarotatives reliées à des soufflantes-hélices à aubes-pales de grandes dimensions.
Les essais furent concluants sans être tout à fait convaincants. En effet, l'UDF posait des problèmes importants, sinon inédits, principalement en matière de nuisances, le niveau sonore étant élevé. Paradoxalement, à cette époque, le kérosène était jugé insuffisamment cher pour permettre à l'UDF de trouver sa justification économique. Ce qui revient à dire qu'il pourrait revenir tôt ou tard sur l'avant-scène et servir de base à de nouvelles recherches.

Un JT8D francisé

Snecma a participé au développement du biréacteur court-courrier à 162 places Mercure de Dassault en améliorant le Pratt & Whitney JT8D. Sur base de la demande que lui a soumise l'avionneur, l'interface propulsion-traînée a fait l'objet de travaux importants, en même temps que la mise au point d'un inverseur de poussée. C'est donc tout l'arrière-corps du moteur américain qui a été modifié.

En bas à gauche, image d'une autre époque, un Dassault Mercure propulsé par deux Pratt & Whitney JT8D.

C'était la première fois que Snecma étudiait sur fonds propres un produit commercial dans un contexte concurrentiel (face à la société américaine Rohr Industries).
Les études ont porté sur un nouveau dessin de la veine à corps central, la suspension de ce corps central et un inverseur de poussée à volets.
Le traitement acoustique a été très étudié, sur le corps central du moteur et sur les parois extérieures.
Les études ont également porté sur un silencieux dit à pelles rétractables. Le prototype du Mercure a effectué son premier vol en mai 1971.
Ces travaux n'eurent pas de suite dans la mesure où la production du Mercure fut interrompue aussitôt après la livraison du dernier des dix avions commandés par Air Inter.

Le SaM146 est novateur à plus d'un point de vue. Il a conduit Snecma à tisser des liens avec un partenaire russe, NPO Saturn, en même temps qu'il lui permettait d'aborder un nouveau segment de marché, celui de l'aviation régionale.

catégorie devraient entrer en service d'ici à 2025. Pier Francesco Guargualini, président de Finmeccanica, à l'occasion de l'entrée du groupe italien dans le programme, a été plus explicite et plus précis : il a indiqué que Sukhoi peut espérer vendre au moins 1 800 Superjet 100 en une vingtaine d'années.

Le président de PowerJet, Michel Déchelotte, souligne la vision et le grand réalisme des équipes de Sukhoi qui ont réussi à imposer une longue liste de grands fournisseurs étrangers, gage de crédibilité technique et opérationnelle hors Communauté des États indépendants, l'ex-URSS.

À la mi-2004, le motoriste italien Avio (ex-Fiat) a rejoint le programme moteur avec une part de 10 % environ, prenant ainsi la responsabilité de la chambre de combustion et des éléments mécaniques de transmission de puissance. À partir de ce moment-là, pour mieux illustrer la participation de NPO Saturn, on dit SaM146 et non plus SM146.

Les premières étapes, hors technique, ont consisté à aider les industriels russes à brûler les étapes en matière d'apprentissage managérial. Ils sont visiblement de bons élèves, à constater la rapidité avec laquelle a démarré le transfert de savoir-faire. Les Français ont notamment été amenés à imposer une notion entièrement nouvelle, à savoir un délai de trente mois à peine pour créer un nouveau moteur, « trente mois et non pas l'éternité, une notion nouvelle », note Michel Déchelotte avec le sourire.

Le SaM146 a bien entendu été conçu d'entrée en vue d'une certification États-Unis, Europe, FAA, EASA. Les parties chaudes sont dérivées du M88, leur deuxième application induite dans la mesure où on en retrouve également la filiation dans l'architecture du gros turbopropulseur TP400-D6 de l'Airbus A400M. Le concept de turbine mono-étage rappelle l'expérience du CFM56. Le taux de dilution est de 4,43, la poussée maximale des versions initiales se situe entre 15 400 et 17 500 livres (7 000 et 7 950 kgp). La longueur du SaM146 est de 2,07 mètres, le diamètre de sa soufflante de 1,22 mètre.

Michel Doublier, directeur du programme SaM146, note que le démarrage de l'opération a été très rapide au plan technique. La maquette numérique Catia de Dassault Systèmes a facilité cette rapidité de même qu'elle a permis une optimisation du concept, notamment pour permettre un remplacement de moteur sur Superjet 100 en deux heures à peine. Rien qu'en 2006, quatre moteurs ont tourné au banc et, depuis lors, chaque mois, un SaM146 sort d'usine, sachant que la double certification et l'entrée en service sont prévues pour 2009.

Avions d'affaires : Silvercrest

Après avoir mis le SaM146 sur les rails avec NPO Saturn, Snecma a abordé une nouvelle étape, celle des puissances de 5 000 à 8 000 livres (2 300 à 3 600 kgp). Confirmée en 2006, cette décision a été prise pour aborder le marché de l'aviation d'affaires.

Là encore, il s'agit d'une opération de longue haleine, entamée discrètement en 2004. « Nous avons découvert un monde nouveau pour nous », reconnaît l'un des artisans du dossier.

L'objectif est double. Le premier volet consiste à viser un marché de remplacement à l'horizon 2010-2015, la propulsion des avions d'affaires actuellement en production étant assurée par des moteurs de conception ancienne, alignant parfois douze ou quinze étages de compresseur haute pression, dont les caractéristiques ne correspondent plus à l'état de l'art et qui, par ailleurs, souffrent d'une maintenance coûteuse.

L'aviation d'affaires connaît en effet un taux de croissance de 8 à 10 % par an et présente, du point de vue des motoristes, d'intéressantes possibilités de rentabilité. Pourquoi ? Tout simplement parce qu'il est possible de dégager des marges dès les livraisons de moteurs de première monte, c'est-à-dire sans devoir attendre que naisse un volume d'affaires lié à la vente de rechanges. Or, chacun sait qu'en matière de gros moteurs civils, il en va tout autrement. La concurrence atteint un degré tel que les industriels sont obligés de faire des concessions considérables en matière de prix, ce qui recule d'autant le moment où ils peuvent espérer engranger les premiers bénéfices.

Le projet Silvercrest doit permettre à Snecma de faire son entrée dans le domaine de l'aviation d'affaires : nouveaux interlocuteurs, nouvelles exigences.

Snecma a commencé à prospecter ce nouveau marché, et a pu constater que cinq ou six projets d'avions d'affaires nouveaux étaient susceptibles de se concrétiser en une petite dizaine d'années, créant autant d'opportunités.

Ce constat prometteur a été fait sans tenir compte de la catégorie nouvelle que constituent les Very Light Jets (VLJ) ou Personal Light Jets (PLJ), encore au stade des études exploratoires quand Snecma a entamé son enquête, et qui répondent à une tout autre logique. Les VLJ-PLJ exigent des puissances relativement faibles (1 000 ou 1 500 livres – 450 à 700 kgp) qui relèvent plutôt du savoir-faire de Turbomeca. De plus, le prix constitue la première contrainte, la propulsion ne pouvant coûter plus de 20 % du million de dollar (ou un peu plus) qui constitue généralement le prix de vente d'appel. « Ce n'est pas le même monde », reconnaît l'un des responsables du Silvercrest.

En visant plus haut, c'est-à-dire la catégorie des 5 000 à 8 000 livres de poussée, un motoriste doit mettre en œuvre des techniques, des moyens industriels, qui n'entrent pas dans le cadre qui est celui de Williams ou encore Honeywell. En d'autres termes, chacun a tout intérêt à rester à sa place.

Après avoir procédé à cette étude et déterminé les limites à ne pas franchir, Snecma a commencé à travailler à un concept de moteur, tout d'abord appelé SM-X. Un exercice technique d'autant plus intéressant qu'il a permis de créer une synergie « groupe », un plateau étant créé à Bordes conjointement avec Turbomeca.

Un programme de démonstration d'un corps haute pression a été lancé en janvier 2006 et, en juillet, Snecma a été rejointe dans cette opération par Avio. Les deux industriels ont signé un accord qui, pour l'essentiel, confie la chambre de combustion et le carter de chambre sur le corps haute pression au partenaire italien. Ensuite, le SM-X a été rebaptisé d'un nom original, Silvercrest.

Cette appellation, qui s'écarte résolument des habitudes habituellement plus austères de

Snecma, joue sur les mots, en anglais bien sûr, pour évoquer une notion de haut de gamme : l'argent, hauteurs, un nom qui doit permettre à ces nouveaux moteurs de se différencier des autres produits du marché. Il renvoie à un certain nombre de valeurs fortes, comme l'altitude, l'élégance, et évoque également la vitesse de croisière. Autant d'éléments qui caractérisent l'aviation d'affaires.

Snecma a commencé à évoquer ses ambitions lors de la convention annuelle de la National Business Aviation Association (NBAA) de 2006 qui se tenait à Orlando, en Floride. Snecma a révélé à cette occasion le nom Silvercrest, désignant une gamme de moteurs d'une puissance de 9 500 à 12 000 livres. La cible est double : les avions d'affaires de moyen et haut de gamme, d'une part, les petits biréacteurs régionaux à 40-60 places, d'autre part. Le lancement effectif d'un programme interviendra quand se matérialiseront de premières applications, sachant que le démonstrateur, entre-temps, aura ouvert la voie.

Au plan technique, la gamme Silvercrest annonce de nouveaux progrès avec une architecture simplifiée et une réduction « drastique » du nombre de composants. En établissant son cahier des charges, Snecma a mis la barre très haut : diminution de la consommation spécifique jusqu'à 15 %, poussée en montée accrue de 25 %, très forte diminution des émissions de NOx et un niveau sonore réduit de 25 décibels au moins – c'est considérable – par rapport au niveau prévu par le stade 3 de l'OACI.

La convention de la NBAA de 2006 a servi de plate-forme à Marc Ventre pour confirmer un credo qui engage tout à la fois le long terme et la volonté de faire progresser la technique : « Avec Silvercrest, Snecma affiche clairement sa volonté de définir les nouveaux standards de systèmes propulsifs destinés aux avions d'affaires. »

L'aviation d'affaires connaît un développement important qui est susceptible de s'accélérer dans les prochaines années. De ce fait, elle offre des perspectives prometteuses.

D.E.M.S.

TP400-D6 l'Europe en marche

C'est le plus puissant turbopropulseur jamais conçu en même temps qu'une association unique en son genre de motoristes européens. Le TP400-D6 va propulser l'avion de transport militaire A400M d'Airbus Military. C'est un programme important, novateur, qui s'inspire largement de la manière de faire propre aux grands programmes civils.

TP400-D6 : l'Europe en marche

Le banc d'essai du turbopropulseur TP400-D6, installé sur la base aérienne d'Istres, dans les Bouches-du-Rhône. On remarque l'imposante hélice à 8 pales de Ratier-Figeac.

La maîtrise des marchés militaires acquise de longue date par Snecma, avec les Atar, M53 et Larzac, tout d'abord, le M88 de nos jours, a certainement facilité la mise en route du programme multinational TP400-D6. Tout comme CFM a permis au motoriste français de se sentir à l'aise dans un contexte de coopération inscrite dans un cadre de chocs culturels…

Reste le fait que le TP400-D6 constitue un programme peu ordinaire, quel que soit le point de vue que l'on adopte. En effet, il constitue la synthèse du savoir-faire des principaux motoristes européens, inspiré des méthodes de l'aviation commerciale.

Il s'agit d'un gros turbopropulseur d'une puissance de 11 000 CV, destiné à propulser le plus européen des avions militaires jamais conçu, l'A400M. Ce dernier, qui entrera en service à partir de 2010, est d'ores et déjà assuré d'une belle carrière industrielle dans la mesure où il bénéficie d'entrée de commandes portant sur 180 exemplaires, auxquelles se sont rapidement ajoutés des achats de premiers clients export, à commencer par la Malaisie et l'Afrique du Sud.

Une longue gestation

Les principales forces armées européennes ont commencé il y a très longtemps à réfléchir à la succession de leurs C160 Transall et Lockheed Martin C-130H. En France, en Allemagne, ailleurs, les appareils utilisés prenaient de l'âge, approchaient de leur fin de vie et appelaient un renouvellement de qualité. Dénominateur commun des pays confrontés à ce problème : des contraintes budgétaires sévères.

Avec logique, les états-majors des pays concernés, encouragés par les industriels, ont cherché à bâtir une coopération basée sur une fiche-programme unique. Les premiers échanges de vues ont confirmé le bien-fondé de cette approche tandis qu'il était souhaitable, d'entrée, de bâtir une opération de type « Airbus militaire ». L'avionneur européen n'était pas enthousiaste pour autant, estimant peu souhaitable de s'écarter de ses objectifs essentiels, c'est-à-dire la conduite de programmes civils visant à obtenir la parité avec ses concurrents américains. Quant aux motoristes, ils ont commencé par observer ce dialogue avec intérêt mais perplexité. Serait-il possible, en effet, de concilier les exigences des partenaires potentiels, de répartir harmonieusement les rôles, de réunir les moyens budgétaires adéquats ? Les termes aéromobilité et interopérabilité étaient fréquemment utilisés au fil des échanges de vues tandis que le principe était débattu dans des enceintes influentes, à commencer par l'Union de l'Europe occidentale. Un acte de souveraineté européenne était en vue.

Les théâtres d'intervention des forces armées européennes sont alors passés au crible, ce qui permet notamment de constater que la plupart des missions se déroulent à moins de 4 000 kilomètres. Les charges emportées, hommes ou matériels, supposent que l'appareil idéal soit capable d'acheminer une trentaine de tonnes. Et, en un premier temps, sur la base d'un souhait de rapidité, il est plutôt question d'une propulsion par turboréacteurs.

L'idée progresse lentement, sa gestation est longue. L'habitude prise d'appeler le projet européen Future Large Aircraft, FLA, et le consortium susceptible de le développer et de le produire est baptisé Euroflag. Un simple groupe de travail dont le siège est établi à Rome en 1985, un choix confirmant que l'Italie est solidement accrochée au concept. Plus tard, cependant, elle y renoncera pour une solution américaine.

Peu à peu, l'idée de s'inspirer de la manière de faire d'Airbus fait son chemin. Aussi imagine-t-on que les industriels s'unissent, répondent ensemble à la fiche-programme, prennent en charge le développement et l'industrialisation et obtiennent des commandes de « clients de lancement » comme c'est habituellement le cas pour les avions commerciaux. Une formule novatrice pour les militaires, qui leur permettait de surmonter une bonne partie de leurs difficultés budgétaires. Au plan technique, dans le même temps, le turbopropulseur est retenu et cela malgré un sérieux inconvénient : aucun moteur adéquat n'est disponible sur étagère et il faudra donc en créer un.

Les partenaires d'Airbus de l'époque (Aerospatiale, Daimler-Benz Aerospace (DASA), British Aerospace, CASA) sont rejoints par Alenia, le groupement belge Flabel, la société turque TAI et la société portugaise Ogma. Côté moteurs, la situation est sensiblement plus compliquée et conduit à la création de deux groupements

EUROPROP
International
Snecma

concurrents qui proposent d'intéressants projets. Snecma a dérivé du corps haute pression du M88 un concept de turbopropulseur, le M138, pouvant donner jusqu'à 13 000 CV, le plus puissant jamais développé. Les ingénieurs notent, à cette occasion, qu'en utilisant ce corps haute pression à des températures relativement modérées, il devrait être possible d'obtenir une grande durée de vie, une fiabilité exemplaire et, *in fine*, des coûts d'utilisation sensiblement réduits.

C'est certainement une base de travail solide qui permet à Snecma, en 1997, de tendre la main à des partenaires potentiels de manière à mettre sur pied une proposition véritablement euro-

péenne. Ainsi naît un groupement industriel qui, outre Snecma qui le conduit avec une participation de 33 %, réunit MTU (22 %), Fiat Avio (22 % également) et l'Espagnol ITP (12 %). La société née de cette proposition est baptisée Turboprop International et son siège installé à Toulouse, à proximité de la filiale Airbus Military Co. de l'avionneur européen, alias Airbus Military S. L. Cette association doit permettre de tirer la quintessence des acquis du M88 du Rafale, d'une part, de l'EJ200 de l'Eurofighter, d'autre part. De plus, MTU et Fiat Avio disposent d'une expérience précieuse en participant à des études de soufflante carénée, le programme Advanced Ducted Fan, dont des enseignements utiles pourraient être tirés.

Bien entendu, Snecma et ses partenaires n'ont pas le monopole des bonnes idées et Rolls-Royce entend bien entrer en lice. Le motoriste britannique choisit de le faire *via* sa branche allemande, c'est-à-dire BMW Rolls-Royce. Le moteur envisagé, de 10 000 CV environ, est lui aussi basé sur un corps existant, celui de la série BR700 (d'où son appellation provisoire BR700-TP).

Le BR710 (15 000 livres) équipe les avions d'affaires Gulfstream V et Global Express ainsi que la version rénovée du patrouilleur anti-sous-marins britannique Nimrod. Le BR715, plus puissant (21 000 livres), est installé sur le court/moyen-courrier McDonnell Douglas MD-95 (qui deviendra le Boeing 717 après la fusion avec Boeing).

Rolls-Royce décide à son tour de mettre au point un tour de table destiné à européaniser sa proposition. Y participent, outre le maître d'œuvre pressenti, la maison mère Rolls-Royce, Hispano-Suiza et ZF Luftfahrttechnik.

Les huit pays intéressés par le FLA établissent un European Staff Requirement commun tandis qu'il est décidé, le moment venu, de confier la gestion du programme à l'agence OCCAR, Organisation conjointe de coopération en matière d'armement, créée en novembre 1996, quelques mois seulement avant l'appel d'offres qui va conduire à l'A400M.

Les « engagements » d'achat des pays participants sont alors de 73 avions pour l'Allemagne, 50 pour la France, 27 pour l'Espagne et 25 pour le Royaume-Uni. La Turquie en prévoit 10, l'Italie 16, le Portugal 3, la Belgique s'inscrit pour 7 exemplaires et, symboliquement, le Luxembourg en prévoit un seul. Un peu plus tard l'Italie et le Portugal déclareront forfait et l'Allemagne réduira sa commande à 60 exemplaires. C'est néanmoins une base de travail solide qui doit permettre de construire une opération de grande ampleur.

Les essais au banc du TP400-D6 et de son hélice en matériaux composites ont commencé à Istres en février 2006.

La motorisation en question

La mise en concurrence des groupes formés par Snecma d'une part, BMW Rolls-Royce, d'autre part, présente un intérêt en matière d'émulation technique en même temps qu'elle menace de créer des problèmes politiques, l'issue de la compétition risquant de ne pas être acceptable pour le camp perdant. Aussi en mai 2000, alors que la sélection du projet mené par Snecma est donnée comme acquise, les motoristes sont-ils « incités » à s'entendre, ce qui n'est pas nécessairement facile, d'autant que les bases techniques retenues de part et d'autre sont très différentes.

Des discussions rondement menées vont néanmoins permettre d'aboutir à une offre unique. Le nouveau moteur est dénommé TP400, appellation qui rappelle celle de l'avion désormais baptisé A400M. Il combine un corps haute pression dérivé de celui du M88 de Snecma, dans un but d'économie, et utilise une architecture triple corps, spécialité de Rolls-Royce. L'imposant turbopropulseur, prévu pour entraîner une hélice à 8 pales de 5,33 mètres de diamètre, devrait être confié à une société baptisée Aero Propulsion Alliance (APA) regroupant Snecma, Rolls-Royce, MTU, ITP, Fiat Avio et Techspace Aero. « Nous y allions à reculons », avouera plus tard un dirigeant de Snecma, reconnaissant ainsi qu'au moment même, cette alliance un peu forcée était difficile à mettre en place. Des craintes compréhensibles mais qui, finalement, se révéleront injustifiées.

Les tractations sont lentes et compliquées, d'autant que la direction technique d'Airbus va bientôt exprimer une certaine forme de déception par rapport au TP400 qui lui est proposé. L'avionneur affirme que la masse du moteur est excessive et sa consommation spécifique trop élevée. Le protocole d'accord avec Airbus, signé par les membres du consortium APA, pouvait être dénoncé au plus tard fin 2001. C'est ce que choisit de faire Airbus Military S.L., ce qui lui permet de lancer un nouvel appel d'offres.

C'est également fin 2001 que l'Italie décide de se retirer, sous prétexte que le calendrier ne lui convient pas mais aussi pour soutenir un accord entre Lockheed Martin et Alenia Aeronautica. Il consiste à coordonner et promouvoir conjointement les C-130J et C-27J, l'un étant le complément de l'autre, une opération qui est susceptible de donner une nouvelle vie à l'ex-G222 italien, dûment modernisé.

Au plan industriel, le retrait italien entraîne celui de Fiat Avio (mais qui, finalement, restera avec un statut de simple fournisseur). Le Royaume-Uni, on l'a vu, limite son intention d'achat à 25 avions, ce qui est modeste par rapport aux besoins de la Royal Air Force, précisément parce qu'elle a acheté entre-temps des C-130J, estimant que l'avion européen viendra bien tard par rapport à son échéancier. Mais les Britanniques ont tenu à rester dans le programme dans le cadre d'un compromis qui justifie la présence de Rolls-Royce.

Jean-Paul Bernard, directeur adjoint des moteurs militaires de Snecma, estime qu'Airbus, en relançant une compétition, s'attendait à un nouvel épisode opposant Rolls-Royce à Snecma. Tout au contraire, les deux grands motoristes européens ont choisi spontanément la voie de la coopération pour formuler une nouvelle proposition en y associant leurs alliés MTU et ITP. Le nouveau projet, le TP400-D6, abandonne le corps haute pression du M88, un peu surdimensionné, au profit d'un corps haute pression entièrement nouveau, permettant d'alléger et de mieux optimiser le moteur au détriment de son coût de développement. C'est alors que les motoristes européens se sont trouvés confrontés de manière quelque peu inattendue à Pratt & Whitney Canada. Et, contre toute attente, c'est le projet PW180 de ce dernier qui a tenu la corde et même été annoncé par Airbus Military S. L. comme pratiquement retenu, essentiellement pour des raisons de prix, jusqu'à la sélection « au finish » du TP400-D6 en mai 2003.

Pouvait-on imaginer l'A400M européen propulsé par des moteurs nord-américains ? Airbus Military S. L. répondait par l'affirmative, à partir du moment où le programme était établi sur des bases commerciales. Délicat, répondaient les politiques, sans être autorisés pour autant à s'immiscer dans les choix techniques et économiques du maître d'œuvre.

Dans les coulisses, tout au long de ces moments difficiles, et compte tenu des enjeux très importants, les réunions ont été nombreuses, parfois tendues, souvent difficiles. Des équipes entières sont intervenues en même temps que trois dirigeants jouaient un rôle déterminant pour aboutir : Noël Forgeard, P-DG D'Airbus, Jean-

Image de synthèse d'un A400M pendant un ravitaillement en vol. La genèse de l'avion de transport militaire européen a été longue et difficile. C'est un programme de 20 milliards d'euros, susceptible de se prolonger pendant de nombreuses années grâce à des commandes à l'exportation.

Paul Béchat, P-DG de Snecma, et John Rose, directeur général de Rolls-Royce.
« Les États avaient confié le choix du moteur à un industriel, Airbus Military S. L., qui avait des intérêts contraires aux leurs », reconnaissait alors en privé le dirigeant de l'un des partenaires. Une difficulté finalement aplanie et un choix qui a permis à l'A400M de rester européen, d'autant que c'est à ce moment que l'hélice Ratier-Figeac FH386 a été choisie.
Bien entendu, Noël Forgeard et les responsables d'Airbus Military S. L. ont nié avoir utilisé un outsider, Pratt & Whitney Canada, pour faire pression sur les motoristes européens. Le mot de la fin n'a pas été rendu public.
Les motoristes ont mis en place la société Europrop International (Europrop et non plus Turboprop), alias EPI pour faire plus simple, seul interlocuteur d'Airbus Military S. L. Dans sa configuration définitive, EPI comporte quatre partenaires, Snecma, Rolls-Royce, MTU Aero Engines et ITP et un fournisseur direct, Avio (ex-Fiat Avio). Techspace Aero et Hispano-Suiza travaillent pour leur part directement avec Snecma, ce qui permet de conserver une organisation simple.
Le siège d'EPI est à Munich mais les bureaux opérationnels ont été installés à Madrid, choix logique dans la mesure où c'est le partenaire espagnol d'Airbus Military S. L. qui est chargé de la conduite du programme A400M et de l'assemblage final de l'avion.

Un programme majeur

L'A400M est un programme majeur, d'environ 20 milliards d'euros, qui est appelé à se prolonger pendant plusieurs décennies. Il suffit d'ailleurs de s'en référer à la durée de vie du C160 Transall franco-allemand pour cerner l'ampleur d'une telle opération : le groupement industriel Transport Allianz, chargé de développer le C160, a été créé en janvier 1959 par Nord-Aviation, Hamburger Flugzeugbau et Vereinigte Flugtechnische Werke.
Rolls-Royce a été chargé de la propulsion sur la base de son turbopropulseur RTY.22 Tyne de 6 100 CV, cela en association avec trois partenaires continentaux, FN Moteurs, Hispano-Suiza et MAN. Le prototype du C160 a volé pour la première fois en janvier 1963, ce qui permet d'affirmer aujourd'hui que cet avion et son moteur – toujours en service – auront vécu largement plus d'un demi-siècle.
La mise en place du programme A400M, confié comme prévu à un maître d'œuvre industriel à part entière, Airbus Military S. L., et géré par l'OCCAR, s'est déroulée dans des temps très courts. Ce qui ne signifie pas qu'aucun problème n'a dû être résolu chemin faisant. « Nous étions obligés de faire en sorte que cela fonctionne bien, à partir du moment où il y avait un contrat et un calendrier », explique Jean-Paul Bernard. Une

Essai au banc. Avec une puissance de 11 000 CV, le TP400-D6 bat tous les records antérieurs de sa catégorie.

allusion au contrat initial, avant-premières ventes à l'exportation, de 2,2 milliards d'euros environ pour 720 moteurs.

Au plan technique, la coopération a été établie par des ingénieurs parlant le même langage et bien décidés à aboutir le mieux possible. Le rythme du développement peut être rapide du fait que, comme pour les moteurs civils, on n'utilise que des technologies déjà validées au moment du démarrage, sans en développer de nouvelles, ce qui serait un facteur de risque important.

Le retrait de l'Italie avait posé un problème davantage politique que technique. Airbus Military S. L., l'OCCAR, les industriels, ont considéré d'entrée l'A400M comme un grand programme européen porteur de symboles forts. D'autant que les avions de transport militaire des différentes forces armées du Vieux Continent, au-delà de leur rôle tactique et stratégique, sont conduits à effectuer régulièrement des missions humanitaires très médiatisées. D'où l'intérêt que lesdites missions soient assurées par des matériels conçus et produits par les Européens eux-mêmes.

Quand la Péninsule s'est désistée, les sous-ensembles, cellules et systèmes, qui auraient dû être confiés à Alenia Aeronautica (environ 20 % de l'avion) ont été répartis entre les autres partenaires. C'était d'autant moins difficile que l'A400M avait été décomposé d'entrée en *work packages*, c'est-à-dire des sous-ensembles précisément destinés à simplifier la répartition des tâches.

La motorisation n'en a pas moins posé un problème particulier. Fiat Avio avait consacré beaucoup de temps et d'efforts à l'étude du réducteur du gros turbopropulseur. Cet élément essentiel aurait peut-être pu être repris par un autre coopérant, à commencer par Hispano-Suiza, mais, dans le souci de réduire les risques, le motoriste turinois, dont la compétence est incontestée pour ce genre d'organes, a été maintenu dans la boucle à l'issue d'une négociation directe de maître d'œuvre à fournisseur potentiel.

On notera au passage que la recherche de la simplicité dans la méthode et la volonté d'efficacité ont conduit à réduire au minimum le nombre d'intervenants. Ainsi, les droits et devoirs correspondant à la part turque du programme sont représentés par ITP à qui il incombe d'associer TEI (Tusas Engine Industries) au TP400-D6 ; dans le même esprit, les intérêts belges sont représentés par Snecma qui s'associe à Techspace Aero.

La participation de Snecma dans le TP400-D6 est centrée sur la turbine haute pression et la chambre de combustion. S'y ajoutent l'interface moteur-cellule, ce qu'il est convenu d'appeler « l'avionnage », et la coordination des questions d'acoustique. Au cours de la phase de développement, Snecma a par ailleurs été chargée de la maquette numérique, de la réalisation du banc dédié installé à Istres (Bouches-du-Rhône) et a assuré la responsabilité des essais menés parallèlement à Saclay, en région parisienne.

Hors Snecma, mais toujours au sein du groupe Safran, Hispano-Suiza est chargée des harnais électriques, du calculateur de régulation, de la coordination de l'ensemble CMS (Control and Monitoring System) et de la majorité des équipements carburant et régulation.

Microturbo est chargé du système de démarrage tandis que Techspace Aero produit le disque et le carter de turbine haute pression et les équipements du circuit de lubrification. La société liégeoise participe également aux essais (notamment ceux d'ingestion d'oiseaux) et est responsable du montage de certains moteurs de développement.

Il saute aux yeux que le TP400-D6 illustre l'état de l'art dans son domaine. Avec 11 000 CV au niveau de la mer, il bat tous les records en matière de puissance mais, à sec, il pèse 1 860 kg seulement et sa longueur totale est de 3,50 mètres à peine.

Au pas de course

Les programmes A400M et TP400-D6 relèvent de la course de vitesse : 56 mois seulement séparent le contrat OCCAR du premier vol, et 77 mois l'entrée en service du premier avion.

Dans ces conditions, souligne avec humour José Massol, directeur général d'EPI, « il n'est pas question de réinventer la roue ». Dix moteurs de développement ont été programmés, suivis d'un premier lot de 28 exemplaires pour les essais en vol de l'avion. Les essais au banc ont commencé chez MTU près de Berlin, puis à Istres où Snecma dispose d'installations complètes et au Centre d'essais des propulseurs de la DGA, à Saclay. En un deuxième temps, les bancs d'essais de Techspace Aero et d'ITP vont apporter une capacité supplémentaire. Les essais du TP400-D6 sur banc volant, par ailleurs, utilisent un Lockheed Martin C-130 spécialement aménagé par un spécialiste britannique, Marshall of Cambridge.
Les délais imposés à EPI semblaient extraordinairement courts, au point que l'on était en droit de se demander s'ils étaient réalistes. Une inquiétude injustifiée comme l'a éloquemment démontré le FEPTT intervenu à Istres le 28 février 2006. Cet acronyme dissimule une étape cruciale, First Engine Plus Propeller to Test, c'est-à-dire les premiers essais au banc de l'ensemble moteur et hélice.
Ce jour-là, en présence de l'ensemble des acteurs et de nombreuses personnalités, Marc Ventre (alors P-DG de Snecma) a fait remarquer que le FEPTT intervenait 33 mois à peine après le choix du TP400-D6 pour propulser l'A400M.
Menés au pas de course, A400M et TP400-D6 engagent l'avenir à long terme de l'ensemble des partenaires industriels et leur donnent une excellente « visibilité », grâce à une commande groupée importante et des perspectives prometteuses en matière de ventes à l'exportation.
Par ailleurs, il n'est pas exclu que l'A400M fasse tôt ou tard l'objet d'un dérivé civil. L'hypothèse n'a pas vraiment été envisagée au moment de la gestation du programme mais pourrait devenir réalité au fil des augmentations du prix du pétrole. Le nouvel essor de l'avionneur franco-italien ATR en témoigne éloquemment.
« L'avion à hélices », injustement considéré comme dépassé, et cela pour des raisons non pas techniques, mais d'image, revient au premier plan de l'actualité. Les compagnies régionales ont refait leurs comptes et ont compris qu'un biturbopropulseur comme l'ATR 72-500 est désormais tout à fait imbattable en matière de coûts d'exploitation. D'où l'envolée du carnet de commandes d'ATR et l'augmentation spectaculaire de la cadence de production de l'avion franco-italien.

Le TP400-D6 photographié début 2006, le jour du premier FEPTT. Un acronyme utilisé par les techniciens, qui signifie First Engine with Propeller to Test. C'est-à-dire premier essai de l'ensemble moteur et hélice.

Un raisonnement similaire pourrait conduire de grandes compagnies, et notamment les spécialistes du fret et des messageries rapides, à s'intéresser à un développement civil de l'A400M, un avion capable d'acheminer près de 40 tonnes de charge marchande à des conditions économiques que ne pourrait pas offrir un jet de capacité similaire.
De telles perspectives ne constituent pas la priorité d'Airbus Military S. L. et de sa maison mère. Reste le fait qu'elles confirment que l'A400M et son moteur ont tout l'avenir devant eux.

esa

La propulsion spatiale

L'indépendance de l'accès à l'espace constitue un enjeu stratégique pour l'Europe. Elle a été acquise grâce au programme du lanceur Ariane, au sein duquel Snecma joue un rôle indispensable en matière de propulsion. Il s'agit de l'aboutissement de nombreuses années d'efforts sans cesse renouvelés.

La propulsion spatiale

PAGES PRÉCÉDENTES, décollage d'un Ariane 5 depuis l'ensemble de lancement n° 3 du centre spatial guyanais. Le lanceur est propulsé par deux boosters à ergols solides dont les tuyères sont fabriquées par Snecma Propulsion Solide au Haillan et par un moteur à ergols liquides cryogéniques Vulcain fabriqué par Snecma à Vernon.
CI-CONTRE, essai d'un moteur de conception allemande dans la forêt de Fontainebleau en 1946.

Au niveau mondial, Snecma occupe une place essentielle en matière de propulsion spatiale, à commencer par un solide deuxième rang en matière de propulsion « liquide », derrière l'Américain Pratt & Whitney Rocketdyne.
On l'a constaté dans les pages qui précèdent, Snecma, au fil des premières décennies de son existence, a concentré ses efforts sur la propulsion aéronautique en donnant la priorité à la motorisation des avions de combat de conception nationale. En un deuxième temps, la société a cherché à se diversifier, à se développer en abordant le marché civil. Par ailleurs, Snecma a été impliquée dans la propulsion des missiles stratégiques (*cf.* encadré p. 140) et des lanceurs spatiaux par le biais de la Société européenne de propulsion (SEP) qui est devenue le chef de file de la propulsion du lanceur européen Ariane.

De la SEP à Snecma

L'héritage de Snecma dans les moteurs-fusées remonte à la création de trois entités – Snecma, la Société d'étude de la propulsion par réaction (SEPR) et le Laboratoire de recherches balistiques et aérodynamiques (LRBA) – qui formèrent la Société européenne de propulsion (SEP).
Au départ, le 12 avril 1969, la division Engins-Espace de Snecma fusionna avec la SEPR. Cette division comprenait le site de Blanquefort près de Bordeaux et le groupe Norma de Saint-Médard-en-Jalles. La SEP est alors détenue à 51 % par le secteur privé et à 49 % par l'État (34 % de Snecma et 15 % de Sud-Aviation). Le 1er juin, Pierre Soufflet prend la direction de la société. Lui succéderont Roger Lesgard en 1984, Jean Sollier en 1986, Roger Vignelles en 1994.
Chez Snecma, les premières études sur des chambres à combustion de moteurs à ergols liquides remontent à 1953. En 1958, la société a créé le département Engins-Espace qui a étudié des déviateurs de jet pour moteurs à ergols solides. Un banc d'essai de tuyères pour moteurs à ergols solides avait été installé au centre de Villaroche en 1959. Norma, entreprise commune à Nord-Aviation et Snecma, a été créée le 2 mai 1963 pour faire les propulseurs des missiles stratégiques (SSBS et MSBS). Elle était installée au CAPE (Centre d'achèvement des propulseurs d'engins).
Le département Engins-Espace vint s'installer rue Héron à Bordeaux le 2 décembre 1963. Puis il déménagea dans la nouvelle usine de Blanquefort en 1966, devenant une division par la même occasion. Cette division développait des tuyères, déviateurs de jet, corps de fusées, générateurs auxiliaires de puissance (turbine tournant à 55 000 tours/minute) pour actionner les déviateurs de jet, etc. En 1969, elle est intégrée à la SEPR pour former la SEP. De son côté, l'équipe qui avait développé l'Atar Volant et le Coléoptère à décollage vertical rejoignit la petite propulsion liquide à Villaroche.
En 1971, la SNPE, créée à partir de la direction des Poudres, remplace une société privée (Châtillon-Commentry) dans l'actionnariat. De ce fait, la SEP redevient un organisme d'État, le privé ne détenant plus que 43 % du capital. Puis, le 1er octobre 1971, la SEP absorbe l'activité propulsion liquide du LRBA. Elle comprend alors quatre établissements (Bordeaux, Vernon, Villaroche et Istres). Le LRBA étant un organisme d'État, ce dernier conserve le contrôle de la société. En 1978, les activités de Blanquefort sont transférées au Haillan et le centre est remis à la disposition de la Snecma.
En 1984, Snecma est devenue majoritaire en passant de 37 à 51 %. L'année suivante, SEP est introduite en Bourse (34, 8 %). Mais en octobre 1996, Snecma décide de porter sa participation au capital de SEP de 51 à 100 % (la SEP disparaît officiellement le 31 octobre 1997). Pour cela, elle fait procéder à une offre publique d'achat en décembre. En 1996, les effectifs sont de 3 390 personnes et la SEP est la première société mondiale de propulsion fusée en termes de chiffre d'affaires devant Thiokol, Rocketdyne, Pratt & Whitney, Alliant et Aerojet.
En janvier 2000, la propulsion spatiale, étant alors regroupée dans une division de Snecma

Moteurs (une appellation éphémère), représente 12 % du chiffre d'affaires du groupe. Les patrons de l'activité furent Jacques Rossignol en 1997, Jean-Paul Herteman en 1999, puis Joël Barre de 2002 à 2007 et Jacques Serre, depuis juin 2007.

À l'origine, la SEP comprenait les établissements de Vernon (grosse propulsion liquide), de Bordeaux (propulsion solide) et de Melun-Villaroche Nord (propulsion électrique, petite propulsion liquide et mécanismes de rotation des panneaux solaires). Puis la propulsion solide a été filialisée par Snecma en prévision de la création de la société Héraklès avec la SNPE, Société nationale des poudres et des explosifs. Snecma Propulsion Solide est ainsi née le 28 février 2002. Mais le rapprochement entre les deux industriels n'a pas abouti comme prévu. Melun-Villaroche Nord, pour sa part, est fermé en 2006. L'activité de propulsion électrique a été transférée à Vernon et la petite propulsion liquide a été arrêtée, faute de marché pour cette activité. Enfin, les mécanismes d'orientation des panneaux solaires Septa ont été vendus à la firme suisse Contraves Space. Aujourd'hui, la propulsion spatiale de Snecma est l'affaire de l'établissement de Vernon dans l'Eure qui possède une antenne au centre spatial guyanais à Kourou.

L'héritage : les moteurs de la SEPR

La SEPR fut créée le 30 mai 1944 sous l'appellation de Société civile d'études de la propulsion par réaction (SCEPR) avant d'être rebaptisée SEPR fin 1947. À la Libération, elle avait récupéré des moteurs allemands (les Walter 109-509 et T-500, le BMW-718, etc.) qui servirent de base à des développements français. La SEPR était installée au fort de Villejuif, où elle est restée jusqu'en décembre 1969, tandis que la production en série était assurée par le centre de fabrication d'Argenteuil jusqu'en 1964. Elle fut dirigée par Fernand Florio à partir de 1944, puis par Georges Fleury à partir de 1958. Parmi les spécialistes, il y avait Louis Meriguet, J. Dardare, M. de Clavière, ainsi que deux Allemands (Hans Schneider et Helmut Zborowki).

Moteur cryogénique HM-4 sur le banc d'essai de Melun-Villaroche Nord. Ce site était utilisé par la SEPR depuis 1952. Il a ensuite appartenu à la SEP en 1969, puis à Snecma à partir de 1997.

Le premier moteur SEPR-1 fut réalisé en 1947, un accélérateur de décollage à eau oxygénée de 500 kilos de poussée. Mais il ne fut jamais essayé. Le SEPR-3, de 750 kilos de poussée, était dérivé du Walter 109-509. Il fut testé en 1947. L'année suivante, ce fut au tour du SEPR-2 de 1,25 tonne de poussée qui propulsait le missile sol-air SE-4100. Alimenté par pressurisation, il fonctionnait avec de l'acide nitrique et de la furaline (mélange d'alcool furfurylique, de xylidine et d'alcool méthylique). Dans le SEPR-4, la furaline fut remplacée par le tonka (mélange de triéthylamine et de xylidine). Il a donné naissance aux SEPR-401 (engin cible SE-1530), SEPR-402 et SEPR-403 (avion postal qui ne verra pas le jour). Le SEPR-9, à eau oxygénée, était destiné au chariot-fusée SE-1900 qui a atteint 328 kilomètres/heure en mars 1952. Il aurait dû servir à la version française du V-1, l'engin cible 5501/CT-10 de l'arsenal, mais finalement, des boosters à ergols solides lui furent préférés. En 1950, le SEPR-12 fut développé pour le missile sol-air M04 de Matra qui fut testé entre 1951 et 1954. Le SEPR-15, resté au stade du projet, était destiné à la fusée postale SO-10000. Le SEPR-16, dérivé du BMW 100-558, avait une poussée de 200 kilos. Il propulsait le missile air-air 5103/AA-10 qui fut dérivé du X-4 allemand par l'arsenal de Châtillon. En 1952, les bancs d'essais sont installés à Melun-Villaroche.

À cette époque, les moteurs-fusées étaient utilisés dans l'aviation pour propulser des avions-fusées (He-176, Me-163, BI-1, 4302, I-270, MX-324, X-1, X-2, etc.) ou pour accélérer un avion au décollage (Jet-Assisted Take-Off, ou Jato). En 1948, la SNCASO de Bordeaux entreprend la réalisation d'un premier avion-fusée. Il s'agit du SO-6025 Espadon doté du moteur SEPR-25, à acide nitrique-furaline, de 1,5 tonne de poussée. Le premier vol propulsé de l'avion intervient le 10 juin 1952 et le premier vol d'un avion européen à Mach 1 est réalisé le 15 décembre 1953. Une version SEPR-251 est montée sur le SO-6026 qui effectue son vol inaugural le 28 mars 1953.

Après ce succès, une compétition fut organisée entre trois projets d'intercepteurs à propulsion hybride : le SE-212 Durandal de SNCASE, le MD-550 Mystère Delta ou Mirage I de Dassault et le SO-9050 Trident de SNCASO. Le premier était propulsé par un Atar 101F et un SEPR-65, à acide nitrique-tonka, de 700 kilos de poussée. Un dérivé, le SEPR-651, devait équiper le Nord 1405 Gerfaut. Le second possédait un moteur Viper et un SEPR-66, à acide nitrique-furaline, de 1,5 tonne de poussée. Le moteur fut testé en vol à bord du Mystère IVB-05 en janvier 1956, puis sur le Mirage I, le 17 décembre 1956.

Le troisième projet avait donné naissance à deux avions, le SO-9000 Trident qui a fait son premier vol avec le moteur SEPR-481 le 3 septembre 1954 et le SO-9050 Trident II qui a fait son vol inaugural avec le moteur SEPR-631 le 21 décembre 1955. Le SEPR-481, à acide nitrique-furaline, avait trois chambres de SEPR-25 (poussée de 1,5, 3 ou 4,5 tonnes), tandis que le SEPR-631 n'en avait que deux (poussée de 1,5 ou 3 tonnes). Bien que le Trident II ait battu deux records mondiaux (vitesse ascensionnelle et altitude), le programme fut abandonné en avril 1958.

Pour sa part, Dassault a continué les travaux sur le chasseur Mirage. Le SEPR-84 a effectué son premier vol sur le prototype Mirage III-01 le 12 juillet 1957. Puis le SEPR-840 fut monté sur le Mirage III-02 qui vole pour la première fois le 6 mai 1958. Le moteur suivant, le SEPR-841, à acide nitrique-tonka, avait une poussée de 750 kilos ou 1,5 tonne. Il vole sur le Mirage III-02 le 20 juin 1959. Il fut utilisé sur la base aérienne de Dijon de 1961 à 1970. Le SEPR-844, à acide nitrique-kérosène, vole pour la première fois sur Mirage IIIE en février 1962. Il fut en service sur la base aérienne de Colmar de 1967 à 1984. La dernière utilisation du SEPR-844 sur un Mirage III suisse date de 1996. Au total, 275 moteurs SEPR-841 et SEPR-844 ont été fabriqués et, avec une moyenne de réutilisation de 35 vols par moteur, environ 10 000 vols ont été effectués.

Par la suite, une compétition fut organisée entre le SO-4060 Super Vautour et le Mirage IV. Le premier devait être équipé du SEPR-77, mais le projet fut abandonné en 1958. Pour sa part, le Mirage IV fut équipé de douze Jato à ergols solides. En 1958, le SEPR-87 fut étudié, mais il ne fut pas construit. Le dernier moteur à liquides aéronautique, le SEPR-S178, fut réalisé entre 1965 et 1968 pour le monoplace à décollage vertical Ludion de Sud-Aviation. Le premier vol eut lieu le 18 décembre 1968 à Villaroche. Avec une minute d'autonomie, il pouvait parcourir 1 kilomètre.

Dès 1946 à Vernon

Le deuxième apport en propulsion à ergols liquides fut celui du LRBA, créé le 17 mai 1946 à Vernon pour développer des missiles et fusées balistiques avec l'aide d'un groupe de 58 spécialistes allemands dont Heinz Bringer, auteur d'un projet de moteur à liquides de 40 tonnes de poussée. Les patrons du LRBA furent Paul Libessart en 1946, Georges Dupuis en 1947, Jean Sorlet en 1949, Pierre Girardin en 1953, puis Jacques Maréchal en 1962.

Le programme français décidé en août 1946, comprenait le missile tactique n° 4209 de 100 kilomètres de portée, le missile stratégique n° 4211, *alias* EA46 Éole, et le projet n° 4212 dérivé de la V-2 allemande. Le premier projet, à acide nitrique, ne voit pas le jour. Le second, à oxygène-essence, n'a pas de chance. C'est un engin de 3,4 tonnes d'une portée de 800 kilomètres. Il est propulsé par un moteur de 10 tonnes

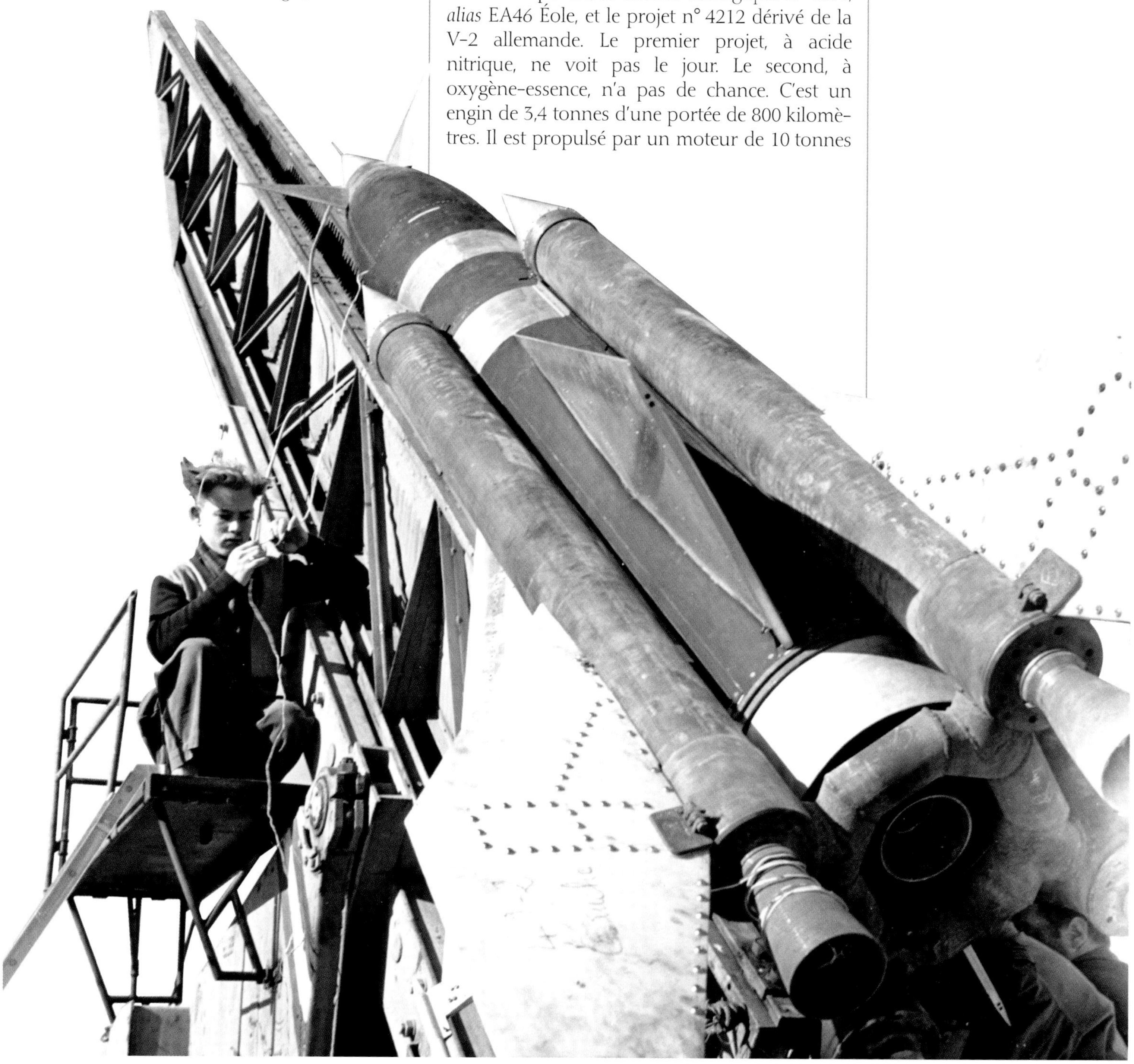

Le missile Parca était propulsé par quatre boosters à ergols solides et un moteur principal à ergols liquides de 2 tonnes de poussée. Finalement, ce dernier fut remplacé par un moteur à ergols solides.

En haut, préparation d'un vol d'essai d'un missile Parca. En bas, la fusée-sonde Vesta dotée d'un moteur de 16 tonnes de poussée. Elle a volé entre 1965 et 1969.

de poussée. Le premier essai au banc a lieu au LRBA le 4 février 1949. Mais le deuxième essai, le 6 janvier 1950, est un échec. L'essence est alors remplacée par de l'alcool éthylique et l'engin devient l'Éole 51. De décembre 1950 à septembre 1951, six mises à feu sont réalisées. Deux vols furent effectués à Hammaguir les 22 et 24 novembre 1952, mais ce furent des échecs et le programme fut abandonné. Pour sa part, le projet n° 4212, qui devait utiliser le moteur de 40 tonnes de Bringer, fut étudié jusqu'en 1949.

Cette année-là, deux autres projets ont démarré : le n° 4213 qui allait donner naissance à la fusée expérimentale Véronique et au missile sol-air Parca (projectile autopropulsé et radioguidé contre avions). Véronique était dotée d'un moteur à acide nitrique-kérosène de 4 tonnes de poussée. Il était alimenté par pressurisation (pas de turbopompe). La fusée pouvait atteindre l'altitude de 65 kilomètres. Le guidage initial était assuré par un système à câble. Des démonstrateurs furent utilisés pour valider ce concept : une Véronique P2 en avril 1951, deux Véronique P6 en janvier 1953 et huit Véronique R entre juillet 1950 et janvier 1952. La route était ouverte pour la version finale Véronique N qui effectue son premier vol à Hammaguir le 20 mai 1952. Onze exemplaires sont lancés de mai 1952 à avril 1953. Puis une version allongée est testée en 1954. Elle sert de base à la version AGI (année géophysique internationale) qui est utilisée entre 1959 et 1969 (48 tirs). Dans ce modèle, le kérosène est remplacé par l'essence de térébenthine. L'altitude est portée à 210 kilomètres. En 1961, les scientifiques demandent une nouvelle amélioration de la performance. Avec la Véronique 61, la poussée passe de 4 à 6 tonnes, tandis que l'altitude atteint 315 kilomètres. La dernière version sera la Véronique 61M. Sur la fin de sa vie opérationnelle, la fusée Véronique fut tirée depuis Kourou.

En février et octobre 1961, trois rats (Hector, Castor et Pollux) ont volé à bord de Véronique. Puis en octobre 1963, ce fut au tour des chats Félicette et Félix. Le dernier lancement intervient le 30 mai 1975. Par ailleurs, le LRBA avait étudié une série de Super-Véronique dotées de moteurs de 8, 12, 16 et 25 tonnes de poussée mais elles ne furent pas réalisées.

Vint ensuite le Parca propulsé par un moteur de 2 tonnes de poussée (à l'acide nitrique) et quatre boosters (à ergols solides). D'une masse de 1 100 kilos, il était autoguidé et pouvait intercepter des avions à l'altitude de 18 kilomètres et volant à Mach 3. Le moteur à liquides fut remplacé par un propulseur à ergols solides. Le Parca fut testé jusqu'en 1958. Puis il fut abandonné au profit du Hawk américain.

Intervint alors un événement important, la création du CNES, Centre national d'études spatiales, mis en place 19 décembre 1961. Il met notamment à son programme une fusée-sonde plus puissante que Véronique, la Vesta de 5 tonnes, dont une dizaine d'exemplaires furent commandés au LRBA, une indication claire de la volonté des autorités de passer à d'autres ambitions.

Vesta disposait d'une poussée de 16 tonnes et pouvait emporter une tonne à 200 kilomètres d'altitude ou 500 kilos à 400 kilomètres. Les essais au sol eurent lieu en 1964 puis deux vols furent réussis en octobre 1965 (187 et 109 kilomètres d'altitude). Les 7 et 13 mars 1967, deux Vesta permirent de lancer les singes Martine et Pierrette. Le cinquième et dernier tir du 8 novembre 1969 fut réalisé depuis Kourou. Mais l'ogive, contenant des instruments du CNES et de l'ONERA, ne fut pas récupérée. Des dérivés Vesta P1 et P2 furent étudiés, puis abandonnés.

Les lanceurs spatiaux

Un autre événement de portée considérable intervint le 17 septembre 1959, la création de la SEREB pour développer les fusées balistiques stratégiques de la force de dissuasion française. Le programme EBB (Études balistiques de base) portait sur les véhicules expérimentaux (VE) de la série des « pierres précieuses ». Nord-Aviation réalisa alors le premier étage VE-121 Émeraude doté du moteur Vexin à acide nitrique et essence de térébenthine, d'une poussée de 28 tonnes. Émeraude équipait le VE-231 Saphir et le lanceur de satellites à trois étages Diamant. Après trois tirs ratés d'Émeraude en 1964, les quatrième et cinquième tirs, effectués les 28 février et 13 mai 1965, furent enfin réussis. Le VE-231 Saphir, pour sa part, consistait en un Émeraude surmonté d'un Topaze. Il a fait l'objet de quinze tirs (dont treize réussis) entre 1965 et 1966.

En mai 1960, l'avant-projet du lanceur Diamant fut présenté par la SEREB. Le 9 mai 1962, la Délégation ministérielle pour l'armement (DMA) et le CNES signèrent une convention pour quatre Diamant A de qualification à l'issue de laquelle le lanceur serait confié au CNES. D'une masse de 18,8 tonnes au décollage, il était doté d'un premier étage Émeraude (Nord-Aviation et LRBA), d'un second étage Topaze (Nord-Aviation et SEPR) et d'un troisième étage P0.6 (Sud-Aviation et SEPR). Les deux derniers étages fonctionnaient avec des ergols solides. Le premier Diamant A lança le satellite A-1, *alias* Astérix, le 26 novembre 1965 depuis Hammaguir. Puis ce fut au tour des satellites D1A Diapason le 17 février 1966, D1C Diadème-1 le 8 février 1967, D1D Diadème-2 le 15 février 1967. Hammaguir fermant ses portes le 1er juillet 1967, les lancements suivants seront effectués depuis Kourou, en Guyane française.

Le 30 juin 1967, le programme Diamant B fut décidé. La masse au décollage passait de 18,8 à 24,6 tonnes et la charge utile de 80 kilos à 115 kilos en orbite basse. Le premier étage L-17 Améthyste était doté d'un moteur Valois du LRBA. D'une poussée de 35 tonnes, il fonctionnait, pour la première fois, au tétraoxyde d'azote ($N2O4$)-diméthyl-hydrazine dissymétrique (UDMH). Le deuxième étage était un Topaze, tandis que le troisième étage était un P0.68. Le premier essai du Valois à Vernon eut lieu le 8 octobre 1969. Le premier tir technologique du Diamant B eut lieu le 10 mars 1970 de Kourou. Il mit en orbite le satellite allemand DIAL. Il y aura quatre autres lancements (dont deux échecs) en décembre 1970 (Péole), avril 1971 (D2A Tournesol), décembre 1971 (D-2A Polaire) et mai 1973 (D5A Pollux et D-5B Castor).

Le Diamant BP4, quant à lui, fut décidé fin 1971. D'une masse au décollage de 26,3 tonnes, il peut mettre 153 kilos en orbite basse. Les premier et troisième étages étaient inchangés alors que le deuxième étage Topaze était remplacé par un Rita-1 contenant 4 tonnes d'ergols au lieu de 2,2 tonnes précédemment. Il était doté d'une unique tuyère au lieu de quatre sur Topaze. Trois lancements furent effectués en février 1975 (Starlette), mai 1975 (D5A Pollux et D-5B Castor) et septembre 1975 (D-2B Aura).

Les lanceurs européens

Parallèlement, le LRBA était impliqué à la même époque dans le développement des lanceurs spatiaux européens. Le 29 mars 1962, le Cecles-Eldo fut créé pour réaliser le lanceur Europa I, un ensemble hybride qui allait connaître bien des difficultés. Le premier étage était constitué d'un missile britannique Blue Streak, le deuxième étage était un Coralie français et le troisième étage était un Astris allemand. Bien que l'étage fût allemand, le moteur était sous-traité à la SEPR. D'une poussée de 2,3 tonnes, il utilisait un mélange de $N2O4$ et d'aérozine-50.

Cinq vols du premier étage furent réussis entre juin 1964 et novembre 1966. Pour qualifier le deuxième étage, le lanceur Cora fut développé (Coralie actif et Astris inerte). Le premier étage dû à Nord-Aviation était équipé de quatre moteurs

À DROITE, le moteur Viking 1, testé à partir de 1971. Il a servi de base aux moteurs du lanceur Ariane. CI-DESSOUS, le moteur M40 de Heinz Bringer, qui fut à l'origine de Viking.

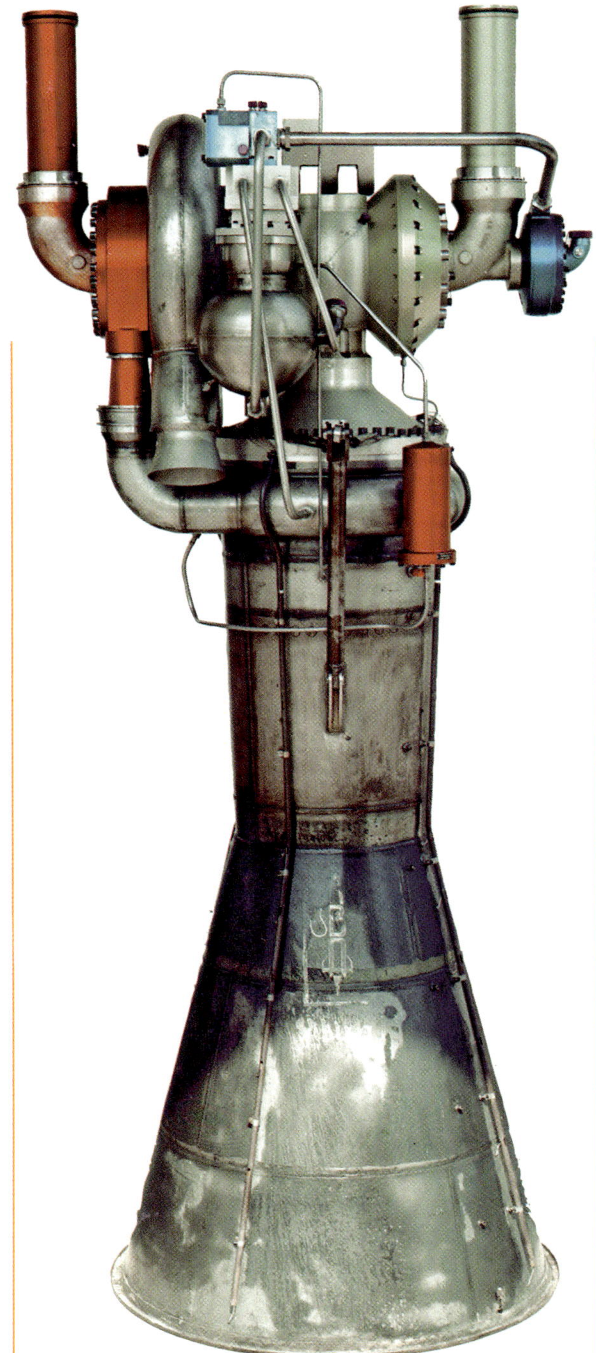

LRBA d'une poussée totale de 28 tonnes (N2O4-UDMH), héritiers des propulseurs de Véronique. Trois tirs de Cora, dont deux échecs, furent effectués entre novembre 1966 et octobre 1967. Puis cinq vols furent réalisés sur les lanceurs Europa I entre août 1967 et juin 1970. Malheureusement, même si Coralie fonctionna normalement trois fois, il n'y eut aucune satellisation. En juillet 1966, le lanceur Europa II fut alors proposé, équipé d'un quatrième étage, dit de périgée, à ergols solides. L'unique et seul vol de novembre 1971 depuis Kourou fut un échec. Dans ces conditions, l'avenir de l'Europe s'assombrissait dangereusement.

Le M40 était le premier moteur à turbopompe du LRBA, étudié en 1965-1966. La turbopompe expérimentale avait été mise au point de 1967 à 1968. La première mise à feu du moteur intervint au PF2 le 5 juin 1969, la poussée étant de 40 tonnes et la pression dans la chambre de 60 bars. Les essais furent poursuivis jusqu'en avril 1970. Quatre M40 auraient pu propulser un premier étage de lanceur L95 qui aurait été surmonté d'un étage Coralie ou d'un étage cryogénique H15, puis d'un Astris ou un H6 comme troisième étage. Mais finalement, ces projets laissèrent la place à un autre projet, Europa III, un lanceur à deux étages.

Le premier étage L120 devait utiliser quatre M40. Mais il évolua rapidement vers une configuration à cinq moteurs, puis à quatre moteurs M55 (poussée de 55 tonnes), puis à quatre M60 de 60 tonnes. Les études sur le M55 avaient commencé en octobre 1969. Quatre essais de la turbopompe ont été réalisés en décembre 1970-janvier 1971. Cette turbopompe fut poussée à 60 tonnes. Elle subit alors cinq essais entre février et avril 1971.

La décision de lancer le M60, prise en janvier 1971, donna naissance au Viking dont la première mise à feu eut lieu au PF2 le 8 avril 1971 et se solda par un échec (éjection du divergent de la tuyère). Six tests furent réalisés dans le cadre du développement, suivis d'une douzaine d'essais en configuration d'étage. Puis ce furent les seize essais de longue durée réalisés entre juin et décembre 1972. La version finale d'Europa III, d'une masse de 191 tonnes, comprenait un premier étage L150 et un second étage doté d'un moteur cryogénique H20.

Parallèlement, le LRBA avait étudié plusieurs projets de lanceurs lourds : Mercure en 1963, Vulcain en 1966, Super Vulcain en 1967, LTP95 en 1969 et Obelix en 1971. En outre, il avait travaillé à un projet de fusée-sonde baptisée Vercors (100 kilos à 560 kilomètres) qui utilisait le même moteur que l'étage Coralie d'Europa I. Outre les M40, M55 et M60, le LRBA avait également étudié une version M100 de 100 tonnes de poussée, indiquant ainsi de grandes ambitions basées sur un savoir-faire devenu une solide réalité technologique.

La propulsion cryotechnique

Les premières études de moteurs cryotechniques ont été réalisées par l'Allemand Ludwig Bölkow (l'un des fondateurs, par la suite, du groupe MBB, Messerschmitt-Bölkow-Blohm) à partir de 1956

et par la SEPR à partir de 1959. Une version cryogénique de Diamant fut étudiée en 1962. Elle devait être dotée d'un deuxième étage équipé du H2 de 6 tonnes de poussée et d'un troisième étage équipé du moteur H3 de 400 kilos de poussée. Deux ans plus tard, il laissa la place au projet Diogène (Diamant-Hydrogène). À l'origine, un moteur HM4 de 6 tonnes de poussée (quatre chambres de 1,5 tonne) fut proposé. Mais il fut réduit à 4 tonnes pour le deuxième étage Onyx en 1965. Les moyens d'essais furent installés sur le site SEPR de Melun. En octobre 1966, l'étage fut abandonné, mais les travaux néanmoins poursuivis.

La première mise à feu, le 29 mars 1967, fut un échec. Les essais reprirent en juillet 1967 et continuèrent jusqu'en septembre 1968. De son côté, MBB avait testé, chez Rocketdyne aux États-Unis, une chambre de combustion de 13 tonnes de poussée en 1967-1968. La pression dans la chambre était de 210 bars, mais elle pouvait monter jusqu'à 280 bars. Parallèlement, en 1965, le motoriste britannique Rolls-Royce et SEPR ont reçu un contrat de l'Eldo pour un moteur de 6 tonnes de poussée qui devait propulser le deuxième étage d'un lanceur B1 dont Blue Streak constituait le premier étage. Cependant, le programme fut abandonné. Néanmoins, le moteur fut poussé à 7 tonnes et devint le HM7. Comme le HM4, c'est un moteur à basse pression (30 bars).

En 1968, la France et l'Allemagne firent deux propositions séparées pour le deuxième étage du lanceur Europa III. La première portait sur

Tir statique du HM4 sur le banc de Melun-Villaroche. Les essais eurent lieu entre 1967 et 1968. Il a permis d'acquérir la maîtrise de la propulsion cryotechnique en Europe.

l'utilisation de deux HM7, soit une poussée totale de 14 tonnes, tandis que la seconde était un H 20 à haute pression (130 bars) doté d'une turbopompe axiale. Finalement, il fut décidé de faire un moteur à flux non dérivé en commun : MBB était chargée de la chambre de combustion et SEPR (devenue SEP, Société européenne de propulsion en 1969), la turbopompe. Puis, en octobre 1970, SEP et MBB formèrent le groupement d'intérêt économique Cryorocket qui reçut, le 27 janvier 1971, le contrat pour le moteur du deuxième étage d'Europa III. Mais le 20 décembre 1972, Europa III fut abandonnée, une décision qui n'était pas inattendue en raison de résultats très décevants mais qui mettait aussi en question l'avenir devenu très incertain de l'Europe spatiale.

Enfin Ariane

Europa III céda rapidement la place au projet L-IIIS, lanceur dit de substitution né d'une proposition française, soumis aux instances de l'Eldo et bientôt adopté par dix pays européens, le 31 juillet 1973. À elles seules, la France et l'Allemagne représentaient 82,6 % du financement du nouveau programme (62,5 % pour la France et 20,1 % pour l'Allemagne). Le L-IIIS, bientôt baptisé Ariane, était constitué de trois étages : L140 (quatre Viking 2), L33 (un Viking 4) et H8 (un HM7). Le nom d'Ariane fut donné par le ministre du Développement industriel et scientifique Jean Charbonnel qui était passionné par la Grèce antique. Il ne faisait pas partie de la liste qui avait été préparée par le directeur général du CNES de l'époque, Michel Bignier.

Le développement du nouveau vecteur européen a duré six ans seulement et le premier tir L01 a lieu le 24 décembre 1979, une date historique facile à mémoriser… L'Europe devenait ainsi la deuxième puissance spatiale à disposer d'un étage cryogénique alors qu'il fallut attendre 1984 pour la Chine, 1986 pour le Japon et 1987 pour l'Union soviétique.

Le Viking 2 de la SEP était dérivé du M60, sa poussée était de 60 tonnes, l'impulsion spécifique (Isp) de 283 secondes et la pression dans la chambre de 55 bars. Dans le cadre de l'européanisation, MAN Technologie (Allemagne), Volvo (Suède) et Techspace Aero (Belgique) produisirent respectivement le générateur de gaz, la chambre de combustion et les valves. Le premier essai au banc intervint le 13 décembre 1973. Ensuite, la baie de propulsion complète Drakkar fut testée sur le nouveau banc PF20, le plus grand

Production en série à Vernon du moteur Viking 2 du premier étage d'Ariane 1.

À Vernon, un alignement de moteurs Viking 5. Pour l'essentiel, cette version est constituée d'un Viking 2 dont la tuyère conique a été remplacée par une tuyère en cloche.

Viking 5 de premier étage à côté d'un Viking 4 de deuxième étage. Le divergent de ce dernier est plus grand parce que le moteur fonctionne dans le vide.

d'Europe. Le premier essai eut lieu le 17 novembre 1976. Des problèmes sur les roulements de pompe et le col de la tuyère survinrent et furent ensuite réglés. En 1976 également, la tuyère conique est remplacée par une tuyère en forme de cloche pour augmenter la poussée (+3,5 tonnes) et l'impulsion spécifique (+8 s) au décollage. Le moteur est devenu un Viking 5.

Le premier essai de ce dernier a lieu le 20 octobre 1977. La baie de propulsion fournit alors 245 tonnes de poussée au sol. Finalement, après dix essais « G » (non encore conformes à la configuration vol), six essais « M » (mise au point en préparation de la configuration vol) et trois essais « Q » (essais de qualification), elle est qualifiée le 13 septembre 1979. Le Viking 3 était destiné uniquement aux essais au sol du Viking 4, moteur du deuxième étage doté d'un divergent plus grand (72,6 tonnes de poussée dans le vide). Il est testé entre août 1976 et novembre 1979 (douze essais G, quatre essais GM, sept essais M, neuf essais Q). De décembre 1976 à juillet 1979, il est aussi testé sur le banc P4-2 du centre aérospatial allemand (DLR) qui permet une simulation d'altitude (six essais MV et trois essais QMV). Mais lors des deux premiers essais M, un froissage du divergent apparut à l'extinction. Une modification du banc le supprima. Puis, lors d'un essai à haute température, le divergent fut raccourci d'environ 20 centimètres. Aussi, un divergent plus épais fut-il rapidement développé. Le troisième étage était doté d'un HM7. L'impulsion spécifique atteignait 442,6 secondes. Le premier essai au banc eut lieu à Melun le 7 novembre 1975 puis un tir fut effectué sur le banc PF41 de Vernon le 22 septembre 1976. La première mise à feu de la baie de propulsion sur le banc PF42 (réservoirs lourds) eut lieu le 24 novembre 1977. Deux baies cumulèrent dix-sept mises à feu jusqu'en janvier 1980. Sur le banc PF43 (réservoirs de vol), quatre ensembles propulsifs (EP) sont testés d'octobre 1977 à novembre 1979. Le

Le moteur cryogénique HM-7 du troisième étage d'Ariane 1. La version HM-7B est toujours utilisée sur le troisième étage ECA d'Ariane 5.

28 novembre 1978, la première mise à feu sur le deuxième ensemble propulsif se traduit par une explosion à l'allumage. Les essais sont alors arrêtés pendant six mois. Enfin, cinq essais de qualification (EPQ) de l'étage H8 sont réalisés entre mars et juin 1980. La qualification ne fut obtenue qu'après le premier vol !

Le 3 juillet 1980, le programme Ariane 2 et 3 fut décidé. Les améliorations portent sur l'augmentation de poussée de 10 % des moteurs des premier et deuxième étages qui deviennent ainsi des Viking 5C et 4B. Pour obtenir ce résultat, la pression dans la chambre passe de 55 à 58 bars et l'UDMH est remplacé par le mélange UH25 (75 % d'UDMH et 25 % d'hydrate d'hydrazine). Par ailleurs, la version Ariane 3 est équipée de deux boosters à ergols solides P8 de l'Italien BPD et d'un étage cryogénique plus puissant. En effet, le H8 est remplacé par un H10, le HM7 laissant la place au HM7B. L'impulsion spécifique est augmentée de 3 s, la tuyère allongée de 200 millimètres et la pression dans la chambre portée de 30 à 35 bars. La qualification du moteur intervient à la mi-1981 et celle de l'étage fin 1983. Le vol inaugural d'Ariane 3 (V10) est réussi le 4 août 1984 : c'est un événement de portée considérable. Il confirme le bien-fondé de l'initiative française qui a permis d'effacer l'échec d'Europa et d'annoncer l'indépendance de l'Europe en matière d'accès à l'espace.

Plus tard, le troisième étage fait l'objet de plusieurs modifications qui portent sur l'augmentation de la quantité d'ergols et la durée de la phase propulsive du vol. Ainsi, après le H8 d'Ariane 1 (8 tonnes d'ergols consommées en 570 secondes) et le H10 d'Ariane 2, 3 et 4 (10 tonnes en 720 secondes), apparaissent le H10-2 (ou H10 +) à partir du lancement V50 (11,1 tonnes en 750 secondes) et le H10-3 à partir du tir V70 (11,8 tonnes en 780 secondes).

La mise en production d'Ariane 4 est décidée le 13 janvier 1982 et six versions sont possibles dans l'ordre des performances croissantes (40, 42P, 44P, 42L, 44LP et 44L). Le premier étage L220 peut recevoir des boosters à ergols solides (PAP) ou liquides (PAL). La version 44L, la plus puissante, est dotée de quatre PAL, chacun équipé d'un moteur Viking 6. Au total, neuf Viking volent sur une 44L. À l'issue d'un développement de six ans, la première Ariane 4 est lancée le 15 juin 1988.

L'évolution heureuse du programme Ariane lui donne des dimensions véritablement industrielles et, pour la première fois, il est justifié de parler de production en série : le 500e Viking est livré le 25 juin 1993. Puis vient le millième exemplaire le 4 juin 1999. À l'issue du 143e et dernier tir d'Ariane 4 de février 2003, la SEP a livré un total de 1 163 moteurs Viking. Néanmoins, le moteur poursuit sa carrière sous le nom de Vikas en Inde. Au cours de sa carrière, le lanceur Ariane 1 à 4 n'a échoué qu'à sept reprises dont une fois à cause du Viking et quatre fois en raison d'une défaillance du HM7.

Le Vulcain d'Ariane 5

À la fin de sa carrière, Ariane 4 était lancée dix-douze fois par an. La charge utile était passée de 1 645 à 4 945 kilos en orbite de transfert géostationnaire (GTO). Entre-temps, en novembre 1987, l'Agence spatiale européenne (ESA) s'est engagée dans la réalisation d'un nouveau lanceur lourd pour remplacer Ariane 4 et lancer la navette pilotée Hermès (abandonnée en 1992). Il est entendu que ce gros lanceur Ariane 5 devra être mis en service avant l'arrêt d'Ariane 4, étape qui est initialement envisagée pour 1999.

Le composite inférieur d'Ariane 5 comprend deux boosters à ergols solides (ou EAP) et l'étage cryogénique principal (ou EPC). L'étage supérieur, ou EPS est à ergols stockables. La SEP est chargée de développer le moteur Vulcain pour l'EPC. Dès 1978, elle avait commencé des études d'un second étage cryogénique propulsé par un moteur HM50 de 50 tonnes de poussée. Un an plus tard, il devint le HM60. Mais en 1984, il fut décidé qu'Ariane 5 serait équipée d'un moteur de 100 tonnes de poussée. En octobre, la France, l'Allemagne et la Suède s'engagent dans un programme préparatoire du HM100 (devenu le Vulcain en octobre 1986). Le flux intégré n'a pas été retenu parce que trop complexe et trop cher. Mais entre HM7B et Vulcain, la poussée est passée de 6 à 100 tonnes et la pression chambre de 36 à 100 bars.

Serge Eury est considéré comme le père de Vulcain qui est développé et produit par quatorze entreprises de dix pays européens. La première mise à feu intervient sur le banc PF50

Le moteur Vulcain 2 du premier étage d'Ariane 5/ECA. La production se poursuit actuellement au rythme de six exemplaires par an. Une version plus évoluée, baptisée Vulcain X, est à l'étude.

de Vernon le 5 juillet 1990. Puis le premier essai nominal (600 s) a eu lieu le 13 juin 1991. Jusqu'à la qualification en juin 1995, la SEP réalise pas moins de 375 essais d'une durée cumulée de 130 000 secondes, soit 200 fois la durée d'un vol. Un incendie se déclare au niveau de la turbopompe oxygène du moteur M6R1 lors du 180e essai sur le banc PF50 le 11 avril 1994. Cet incident provoque un arrêt des essais de quatre mois. Ensuite se déroule la campagne dite Battleship à réservoirs lourds, à Kourou, du 5 septembre 1994 au 27 janvier 1995 (quatre mises à feu réussies).
Le programme initial prévoyait deux vols de qualification. Le premier (501), initialement prévu en 1995, le 4 juin 1996, est un échec cuisant : il doit être interrompu à la 37e seconde en raison d'une erreur dans une ligne de programme du logiciel de vol et il faudra dix-sept mois de travail acharné pour reprendre les essais du nouveau lanceur. Mais le lancement d'Ariane en octobre 1997 (502), même s'il réussit, est insatisfaisant : le divergent du moteur Vulcain provoque un important couple de roulis. De ce fait, les réglages moteur sont modifiés, ce qui permet le succès total du vol 503, en octobre 1998. Les problèmes qui ont affecté le début des essais de qualification d'Ariane 5 expliquent que la phase de transition entre les versions 4 et 5 ait été beaucoup plus longue que prévu initialement.
Restait à parfaire l'entrée du programme dans une phase véritablement industrielle. En transition, un lot de pas moins de 30 Ariane 4 devait être commandé, avec l'objectif de réduire les coûts de fabrication de 30 %, mettant le prix d'Ariane 44L à 50 millions de dollars. Mais en avril, cette commande fut limitée à dix lanceurs avec la même réduction de coût. Ce qui était impossible car les industriels ne pouvaient alors plus amortir leurs frais fixes. Ariane 4 fut alors totalement arrêtée au profit d'Ariane 5.

En 1990, le CNES lança le projet du Vulcain Mark-2 destiné au lanceur Ariane 5 Evolution. Le rapport de mélange est plus abondant en oxygène liquide. Le diamètre du col de la chambre de combustion est augmenté. Une nouvelle turbopompe à oxygène avec une turbine à deux étages et un nouveau type de divergent sont mis au point pour ce moteur, tandis que la turbopompe à hydrogène et le générateur de gaz restent inchangés.

En haut, à gauche, tir statique sur le PF50 à Vernon.
À droite, production en série de Vulcain.
En bas, l'atelier de montage des moteurs à Vernon.

La propulsion solide

En France, avant la dernière guerre, la propulsion à ergols solides était l'affaire de la Société de technique et de recherche industrielles et mécaniques (STRIM). Après la guerre, la SEPR a commencé à travailler dans ce domaine avec les Jato d'Aerojet (SEPR-27).
En 1949, une fusée météorologique SEPR-35 à trois étages fut conçue et testée en soufflerie. Malheureusement, la technologie (enveloppe en acier et poudre) n'était pas encore mature et le projet fut abandonné après quelques essais d'étages.
En 1951, la SEPR reçut une commande de 3 000 roquettes air-air T-10 d'origine américaine. La production était alors installée au Fauga près de Toulouse. En 1952, le premier moteur SEPR-50, de 10 tonnes de poussée, servit d'accélérateur au missile sol-air R042 de Matra. Ce dernier laissera la place aux versions plus légères R-422, R-422A et R-422B qui seront lancées entre 1954 et 1958. Les boosters étaient des SEPR-502, SEPR-505, SEPR-732 ou SEPR-734, tandis que les moteurs principaux étaient des SEPR-703 à 706. Le programme fut abandonné au bénéfice du missile américain Hawk. Testé entre 1955 et 1958, le missile R-431 consistait en un booster SEPR-5052 (puis d'un SEPR-732) surmonté d'un statoréacteur.
En octobre 1954, la société avait installé son centre d'essais au sol à Istres dans les Bouches-du-Rhône (huit bancs d'essais pouvant aller jusqu'à une poussée de 60 tonnes). Les lancements étaient effectués à Colomb-Béchar, puis Hammaguir en Algérie. Les moteurs SEPR à ergols solides seront ensuite utilisés sur des missiles sol-sol, des missiles sol-air, des fusées-sondes, des véhicules expérimentaux de l'ONERA, etc. Avec la décision de créer une force de fusées stratégiques, la société s'implante au Haillan (Les Cinq Chemins) en septembre 1964. Elle réalise les moteurs des « pierres précieuses » et des missiles balistiques de la force de dissuasion (MSBS et SSBS).
En 1972, la SEP et la SNPE créent le groupement d'intérêt économique G2P pour la réalisation des propulseurs à poudre. La filialisation de Snecma Propulsion Solide intervient en février 2002. Aujourd'hui, Snecma Propulsion Solide réalise de la propulsion tactique et stratégique (missile balistique M51), des tuyères des boosters d'Ariane 5 et du premier étage du lanceur Vega, le divergent déployable pour le RL-10B-2 de Pratt & Whitney et du moteur européen Vinci, ainsi que des matériaux composites.

Le nouveau divergent a une partie haute refroidie par circulation d'hydrogène dans des tubes hélicoïdaux comme sur Vulcain 1 et la partie basse est refroidie par réinjection des gaz de sortie turbine mélangés à l'hydrogène sortant du refroidissement de la partie haute. Le premier essai d'un moteur Vulcain équipé d'un prototype démonstrateur de ce divergent développé par Volvo (Suède) eut lieu le 27 janvier 1995 à Vernon.
Les essais de Vulcain 2, eux, commencèrent en juin 1999. Au total, il y eut 138 essais au sol d'une durée cumulée représentant 108 fois la durée du vol. Le premier vol intervint sur la nouvelle Ariane 5-ECA (vol AR-517) le 11 décembre 2002. Cette version possède un étage supérieur cryogénique ESC-A équipé d'un moteur HM7B. La performance atteint 9 tonnes en GTO. Malheureusement, c'est un échec total dû au flambage de la partie haute du divergent de Vulcain 2. En effet, la nouvelle tuyère n'avait pas été testée en altitude. Or, la différence de pression sur les parois interne et externe avait provoqué des déformations locales de structure du divergent génératrices de points chauds dans le matériau. Du coup, la partie haute du divergent fit l'objet de trois modifications. Elles portaient sur le renfort mécanique de la tuyère (chemise et raidisseurs), l'augmentation du débit d'hydrogène (de 50 %) dans le circuit de refroidissement actif, ainsi que le dépôt plasmique d'une pellicule de céramique en Zirconium-Ytrium (sur quelques dizaines de centimètres de hauteur) sur la paroi interne du divergent pour l'isoler thermiquement du flux de gaz à très haute température. Le retour en vol intervint le 12 février 2005 (vol AR-521). Au 1er mars 2007, Arianespace avait lancé sept Ariane 5-ECA avec succès. Au 7 mars, 64 moteurs avaient été livrés dont 44 Vulcain 1 et 20 Vulcain 2. Sur les 44 Vulcain 1, 14 ont servi au développement, 22 ont volé, 6 servent au programme ARTA (Accompagnement de recherche et de technologie du lanceur Ariane) de l'ESA et deux doivent voler sur les deux prochaines Ariane 5GS. Sur les 20 Vulcain 2, huit ont servi au développement, huit ont volé, un sert au programme ARTA et trois doivent voler sur les prochaines Ariane 5-ECA.

Vinci et au-delà

Il existe quatre types de moteurs cryogéniques : le flux dérivé à générateur de gaz (HM7 et Vulcain), le flux dérivé sans générateur de gaz du type Bleed (LE-5), le flux intégré avec préchambre du type combustion étagée (SSME, RD-0120, LE-7) et le flux intégré sans préchambre du type Expander (RL-10). Snecma s'est familiarisée au flux intégré en réalisant des essais du moteur russe RD-0120 dans le cadre du programme Record. Et elle a proposé de développer un démonstrateur Veda (validation expérimentale de développements avancés) de 20 tonnes de poussée pour la mise au point de ces différents cycles.

Le 24 juin 1998, l'ESA décida de faire une Ariane 5-ECB pouvant placer 12 tonnes en orbite de transfert géostationnaire, tout en divisant le coût par deux. Le premier vol était alors prévu pour la fin 2005. L'étage supérieur cryogénique ESC-B devait être équipé d'un moteur réallumable à divergent déployable. Le cycle Expander fut retenu pour le moteur d'étage supérieur cryotechnique optimisé (Mesco) qui deviendra d'abord le Vesco (avec un V comme Vernon), puis le Vinci de 15 tonnes de poussée. La chambre de combustion est d'une technologie type HM7B et Vulcain. La pression de la chambre de combustion est de 60 bars, tandis que l'impulsion spécifique atteint 464 s.

En 2000, une coopération éventuelle avec l'américain Pratt & Whitney fut envisagée pour les besoins européens et américains dans le but de diminuer encore plus les coûts. Cependant, cette version dite SPW-2000 ne verra pas le jour en raison d'une opposition allemande au sein de

Les deux premiers exemplaires du moteur cryogénique réallumable Vinci (M1 et M2). Il devrait équiper le troisième étage de la version lourde d'Ariane 5, laquelle pourrait devenir opérationnelle vers 2014.

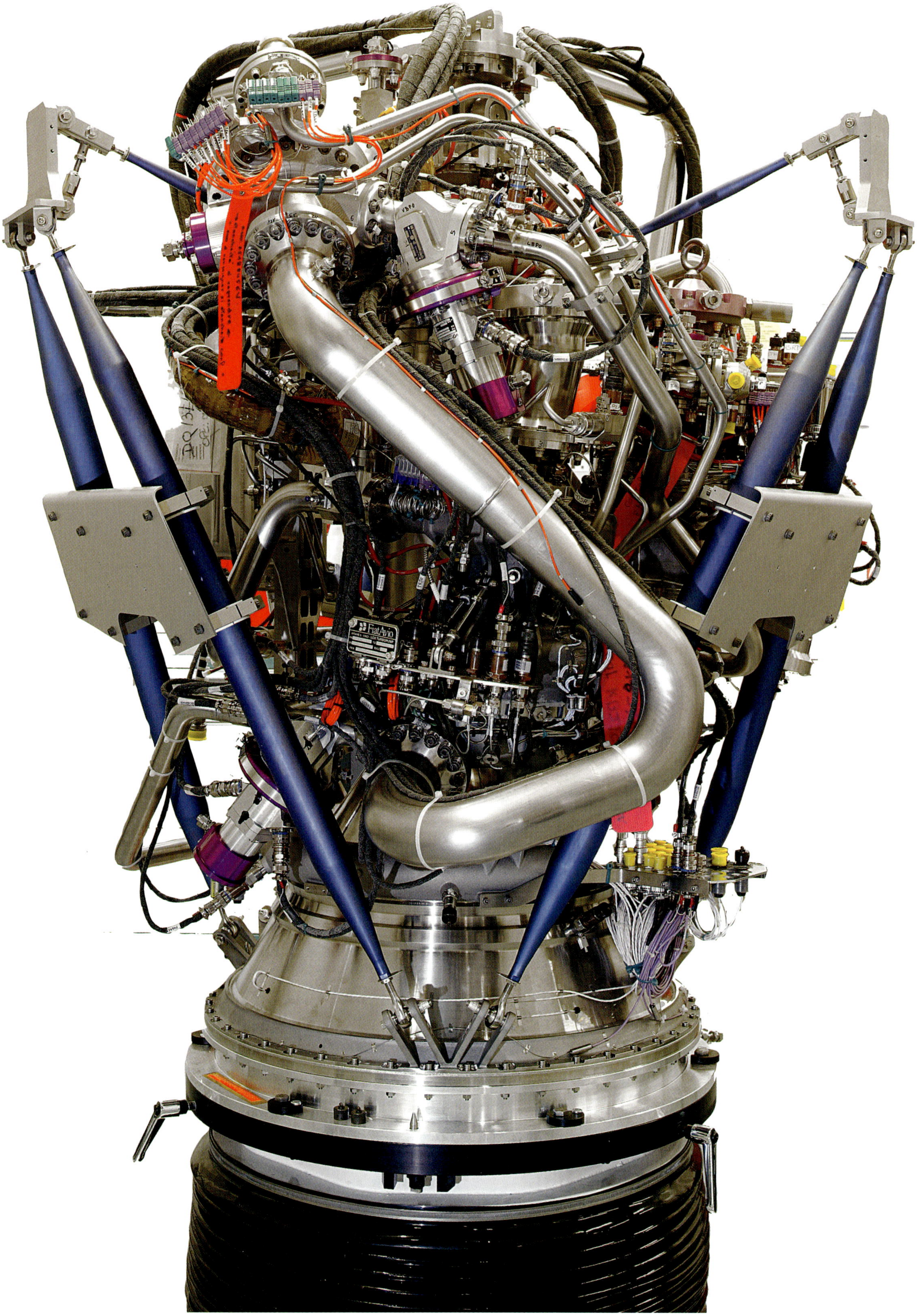
FiatAvio

l'ESA. En mai 2001, Jean-Paul Herteman, alors directeur général de la division moteurs-fusées et directeur délégué espace de Snecma Moteurs, avait déclaré : « Nous préparons le dossier pour démarrer le moteur Vinci dans une enveloppe budgétaire d'environ 400 Meuros, alors que les premières offres étaient plutôt autour de 500 Meuros. C'est quatre fois moins que le moteur Vulcain ou deux fois moins que Vulcain ramené à l'échelle de Vinci. De plus, la poussée a été augmentée de 15 à 18 tonnes. » Mais le programme Vinci sera gelé pour plusieurs raisons. D'abord, à cause de l'échec d'AR-517 en décembre 2002. Mais aussi parce que le marché des satellites de télécommunications était alors dans un creux de vague. Finalement, le 20 mai 2005, la première mise à feu de Vinci a été réalisée avec succès sur le banc P4-1 du DLR à Lampoldshausen. En mars 2007, 18 essais sur deux moteurs avaient permis de cumuler 800 secondes de fonctionnement.

Par ailleurs, Snecma a proposé de nombreux moteurs dans le cadre de la prospective à long terme. Parmi eux, il y eut le MS-100 à ergols stockables, le Viking H (MBC-2000) de 200 à 400 tonnes de poussée (Isp de 400 s), le Vulcain 3 de 150 tonnes de poussée pour l'Ariane 5/2010, le Veda (MC-2000-E) de 200 tonnes de poussée (Isp de 450 s), le Volga (MX-4000) de 200 à 400 tonnes de poussée (Isp de 360 s) à oxygène et méthane liquides et le Venus de 10 tonnes de poussée à différents ergols dérivé du MS-100.

De même, pour les futurs avions spatiaux et lanceurs réutilisables (programmes NASP, STS-2000, Sänger, etc.), la piste du moteur combiné aérobie-fusée fut explorée. La SEP reçut un contrat du CNES en 1986. Des travaux furent entrepris en coopération entre la SEP, Snecma et l'ONERA. La société Hyperspace (SEP-Snecma) fut créée en 1990 (Marcel Pouliquen, Michel Doublier, etc.). Mais les applications s'avérant lointaines, les travaux furent arrêtés.

Des technologies pour satellites

Les premiers moteurs pour satellites furent l'impulseur à azote SEP-192 du satellite européen IRIS, le sublijet (décomposition de carbonate d'ammonium) qui n'aura pas d'utilisation, le premier moteur à décomposition catalytique d'hydrazine (poussée de 2 N) du satellite français D-5A, le resistojet à ammoniac (qui pouvait remplacer l'hydrazine en cas d'échec de son développement), ainsi que le premier moteur électrique S-252. Ce dernier, du type arcjet à impulsions, avait un mauvais rendement.

Puis un moteur à hydrazine de 14 N à tuyère coudée fut monté sur le satellite Geos de l'ESRO. Plus tard, seize moteurs de 3,5 N et 15,6 N de poussée, étaient embarqués sur les satellites Spot, Hélios, ERS et Envisat. Ensuite, un moteur de 1 N de poussée est développé pour la plate-forme Myriades. Enfin, un moteur bi-liquide (MMH-N2O4) de 200 N de poussée l'a été pour le vaisseau-cargo ATV, mais seulement pour les deux premiers exemplaires, car après, c'est EADS Space qui prendra le relais. Actuellement, un moteur de 8 000 N est étudié pour un futur atterrisseur planétaire (Lune ou Mars).

À la fin des années 1970, lorsque le programme Spot était à l'étude, la SEP cherchait à se diversifier. Elle a donc décidé de faire le mécanisme de rotation des panneaux solaires Septa (Solar Electric Transfert Assembly), le système de propulsion du satellite, ainsi que la chaîne complète du traitement d'images (stations de réception et système Vizir dont dix exemplaires ont été vendus en France et à l'étranger).

Septa est une marque déposée de la SEP. Le premier modèle Septa11 (14,7 kilos) a fonctionné parfaitement pendant dix-sept ans sur Spot1. Il était aussi présent sur Spot2, Spot3, ERS-1 et ERS-2. Le Septa12 (16,6 kilos) était, quant à lui, sur Spot4 et les deux Hélios-1. La plate-forme polaire Envisat était équipée du Septa14 (42,6 kilos), tandis que le Septa14A se trouve sur Spot5 et les deux Hélios2. Pour les plates-formes Spacebus d'Alcatel Alenia Space, la SEP avait développé les Septa21 à 23. Alors que les précédents Septa étaient lubrifiés par une pellicule de quelques microns de plomb (sauf Envisat qui utilisait une graisse), ceux-là avaient une lubrification sèche au téflon. Cependant, deux ans après le début de Septa23, le fabricant de satellites a développé son mécanisme en interne. Enfin, les Septa31 et Septa40 ont été mis au point pour les plates-formes Proteus d'Alcatel Alenia Space et Myriades du CNES. Aujourd'hui, les activités de mécanismes spatiaux ont été transférées à la société Contraves.

Le « powerpack » du moteur Vinci en cours de développement. C'est le premier moteur européen du type Expander.

La propulsion électrique

En 1969, pour les satellites Intelsat-5 de Lockheed, la SEP devait fournir le moteur d'apogée à poudre Mage, le système propulsif à hydrazine et un système ionique à bombardement de césium (poussée de 5 mN). Ce dernier fut testé avec de bons résultats. Mais Lockheed s'était retiré. En 1976, les activités sont transférées de Blanquefort à Vernon. À la suite d'un contrat de l'ESA, la SEP a fait des essais de moteur Feep (Field Emission Electric Propulsion) en 1979. Mais au début des années 1980, les travaux sont arrêtés au profit de la firme italienne Centrospazio. La SEP a alors étudié un moteur ionique à bombardement où le mercure avait été remplacé par du xénon. Des études identiques étaient menées au Royaume-Uni et en Allemagne. Trois filières en Europe, c'était trop. Des discussions ont alors eu lieu avec Aerojet pour un arcjet de 500 s d'Isp. Mais Aerojet a vendu la licence à la firme italienne BPD. En septembre 1991, les activités ont à nouveau été transférées de Vernon à Melun. Entre-temps, en février, lors d'une visite à l'Institut d'aviation de Moscou (MAI), une délégation de la SEP découvre le moteur plasmique SPT70 de la firme russe Fakel. Après de longues négociations, SEP rentre dans la société commune International Space Technology Inc (ISTI) en juin 1993. Les partenaires sont Loral (50 %), ARC qui commercialise aux États-Unis, Fakel (30 %), le laboratoire Riame du MAI et la SEP (environ 12 %) qui commercialise en Europe. Le premier moteur, venant de l'institut MIREA, est livré à Melun fin 1993. Mais les essais ne sont pas satisfaisants. Un nouveau modèle SPT100 (sur 300 V) est alors produit par la Russie, mais il n'est pas stable. La version PPS1350 (sur 350 V) de Snecma, elle, a fonctionné du premier coup car elle contenait un écran magnétique qui fut breveté. Le satellite Stentor, décidé en 1994, devait être équipé de deux SPT100 russes et de deux moteurs PPS-1350 de Snecma. Et les premières commercialisations furent pour le satellite Astra-1K et la constellation Skybridge. Mais Stentor et Astra-1K furent perdus le 26 novembre et le 11 décembre 2002, tandis que Skybridge était abandonné.

En 1995, la SEP avait rencontré des problèmes d'endurance dans la mise au point du moteur dont une usure anormale, des instabilités dans les réglages, etc. Un certain nombre d'éléments ont dû être refaits en France (cathodes, etc.). Ces améliorations ont permis d'atteindre une endurance de 10 500 heures au sol. Le moteur plasmique PPS1350-G, qui équipe déjà trois satellites d'Astrium (Intelsat-10 et deux Inmarsat-4), est utilisable sur les plates-formes Spacebus-4000 et Eurostar-3000. Pour sa part, le SPT100 équipe les satellites de NPO PM, ainsi que trois satellites de Loral (Mbsat-1, IA-8 et IPStar). Par ailleurs, le PPS1350 équipait la sonde lunaire Smart-1 de l'ESA qui a fonctionné de septembre 2003 à septembre 2006. Au total, il a été mis à feu plus de 840 fois, totalisant 5 000 heures de fonctionnement jusqu'à épuisement de l'ergol (xénon), ce qui constitue un record mondial pour ce type de moteur en vol. Depuis quelques années, un moteur plus puissant, le PPS5000 de 5 kilowatts, a été testé et doit être développé pour des applications futures.

Le moteur plasmique PPS1350 a fonctionné à bord de la sonde lunaire Smart-1 de l'ESA de septembre 2003 à septembre 2006, établissant un record mondial de durée de fonctionnement en vol.

Présent et futur

Actuellement, l'activité spatiale de Snecma est répartie à 50 % entre la production des moteurs pour le lanceur Ariane 5, 40 % dans la recherche et le développement en propulsion liquide et 10 % dans les autres activités.

Snecma fournit les moteurs cryogéniques Vulcain 2 et HM7B d'Ariane 5-ECA. Après le lancement des dernières Ariane 5-GS, qui sont dotées d'un étage supérieur à ergols stockables (EPS), la production ne portera plus que sur des Ariane 5-ECA avec une cadence moyenne de six à sept tirs par an, ce qui correspond à la production de quatorze moteurs par an pour Snecma.
La R&D a significativement diminué depuis quelques années en l'absence de nouveaux programmes. Joël Barre, qui a dirigé la branche spatiale de Snecma, mentionne néanmoins les démonstrations technologiques qui permettent de préparer des développements ultérieurs qui pourraient être décidés par de futurs conseils de l'ESA. Ainsi, les travaux sur le moteur Vinci se poursuivent, sur base d'un contrat ESA-Snecma signé fin 2006. Il s'inscrit dans le cadre du programme FLPP-2 (Future Launcher Preparatory Program) et sera suivi par d'autres. Ce moteur s'achemine vers la maturité technologique permettant le développement sans risque majeur. En outre, Vinci pourrait aussi équiper le second étage du petit lanceur européen Vega.
Dans le cadre du programme Vulcain X, Snecma met aussi au point les technologies des moteurs futurs. Les prochaines étapes sont les essais en 2008 d'une turbopompe TP-X à l'échelle Vulcain actionnée par un nouveau générateur de gaz GG-X. Un divergent Volvo de technologie nouvelle sera également prochainement expérimenté sur un moteur Vulcain. Ces démonstrateurs visent la simplicité (réduction du nombre de pièces), la robustesse et préparent les moteurs des vingt prochaines années.
Dans le cadre du programme Oural entre le CNES et la Russie, Snecma étudie le comportement du mélange oxygène-méthane sur un moteur KVD 1

Essai d'un moteur plasmique PPS1350 dans un simulateur au sol. Une endurance record de 10 500 heures a été obtenue. Le moteur doit être embarqué sur la plate-forme géostationnaire Alphabus vers 2011.

Le lanceur lourd Ariane 5 assure l'indépendance de l'Europe en matière d'accès à l'espace. Il constitue l'aboutissement d'une stratégie de longue haleine initialement mise sur pied par la France.
À DROITE, Ariane 5 sur le pas de tir de Kourou, en Guyane.

du KB KhimMach de Korolev. Les premiers essais au banc ont eu lieu fin 2005. Des activités de recherche de combustion en France sur ce nouveau couple d'ergols financées par le CNES ont d'ailleurs commencé en 2001. De plus, ce mélange fait l'objet du programme européano-russe Volga. Les partenaires russes sont le centre Keldysh, NPO EnergoMach et le KB KhimAvtomatiki.

Le programme FLPP-2 va permettre de poursuivre les activités sur les moteurs oxygène et méthane dont les applications futures sont multiples (moteurs de boosters, moteurs pour l'exploration spatiale). Snecma attend beaucoup des prochaines grandes options ministérielles qui vont décider de l'avenir de l'Europe des lanceurs spatiaux. Il s'agit tout d'abord de préparer de nouvelles évolutions d'Ariane 5, bientôt à mi-vie opérationnelle. Si les améliorations sont décidées, elles seront mises en œuvre vers 2014. Elles devraient principalement concerner l'étage supérieur cryogénique réallumable (devenu Venus pour Versatile New Upper Stage) équipé du Vinci. Il serait aussi possible de procéder au sur-chargement des segments S2 et S3 des boosters à ergols solides. De plus, il faut d'ores et déjà prévoir de poursuivre les démonstrations technologiques pour l'après-2025. Ces « briques » pourraient être fédérées dans un démonstrateur « Système » volant qui offrirait une capacité opérationnelle de microlanceur.

Les autres activités de Snecma concernent la propulsion plasmique, l'utilisation d'expertise et de savoir-faire au profit de marchés industriels et des moteurs d'avions. Dans la propulsion plasmique, la prochaine utilisation sera sur le satellite Alphabus de l'ESA. Si la décision sur la charge utile est prise cette année, le lancement pourrait intervenir en 2009. Selon Joël Barre : « Avec un marché de 25 satcoms par an, nous pouvons espérer que l'Europe en prenne la moitié, soit 12-13 satellites/an. Or, la propulsion électrique devrait s'imposer sur les satellites de télécommunications à partir de 5 tonnes qui représentent 25 à 30 % de ce marché. Snecma estime les besoins du marché à 3-4 satellites/an dotés chacun d'un moteur par axe. La cadence de production pourrait donc atteindre 12-16 moteurs/an. La seconde utilisation pourrait être la petite plate-forme Small-GEO de l'ESA. »

En ce qui concerne les marchés industriels, l'objectif visé est de commercialiser des compétences dans la propulsion cryogénique. Ainsi, cette technologie est utilisée dans le transport du gaz naturel liquéfié (GNL). Déjà, trois incinérateurs ont été vendus à des chantiers navals japonais et coréens pour éliminer les gaz d'évaporation des bateaux. Un banc d'essai a été construit à Vernon. Par ailleurs, une pompe de transport du GNL a été développée pour les terminaux de liquéfaction. Mais elle n'a pas encore été vendue.

Enfin, des recherches sont menées pour des piles à combustible pour applications spatiales et véhicules de loisirs. Cette technologie a été étudiée en partenariat avec Renault. Un banc d'essai a également été construit à Vernon. L'utilisation de l'expertise au profit des moteurs d'avions a commencé avec des pièces pour le SaM146 réalisé avec le motoriste russe NPO Saturn. En outre, l'expérience dans la recherche et l'expérimentation sera utilisée pour les moteurs aéronautiques. Un projet de rapprochement Snecma-EADS en propulsion à ergols liquides avait été étudié en janvier 2003. À cette époque, il fallait remettre Ariane 5 en vol dans un contexte difficile. Les États membres de l'ESA étaient d'accord pour financer ce retour en vol dans la mesure où, avec constance, ils affichaient la volonté de maintenir l'accès autonome à l'espace de l'Europe. Mais dans le cadre d'une rationalisation industrielle, il fut notamment dit qu'il n'y avait pas de place pour deux motoristes et qu'il fallait rapprocher les pôles de Vernon-Villaroche et Ottobrunn-Lampoldshausen. Un accord de principe fut signé par Snecma et EADS, mais l'opération n'était pas équilibrée (Snecma étant deux fois plus importante que son homologue allemand). De ce fait, ce rapprochement ne s'est pas fait. ■

arianespace
esa
esa
cnes
cnes

Un impératif de progrès

D'une certaine manière, il est possible d'entrevoir l'avenir de Snecma dans la mesure où il commence d'ores et déjà à s'écrire sous nos yeux. Il n'est pas rare, en effet, d'entendre les ingénieurs évoquer des échéances lointaines, celles auxquelles ils s'attachent dès aujourd'hui : la propulsion aéronautique et spatiale exige de travailler avec beaucoup de recul. Et les défis à relever ne manquent pas.

Un impératif de progrès

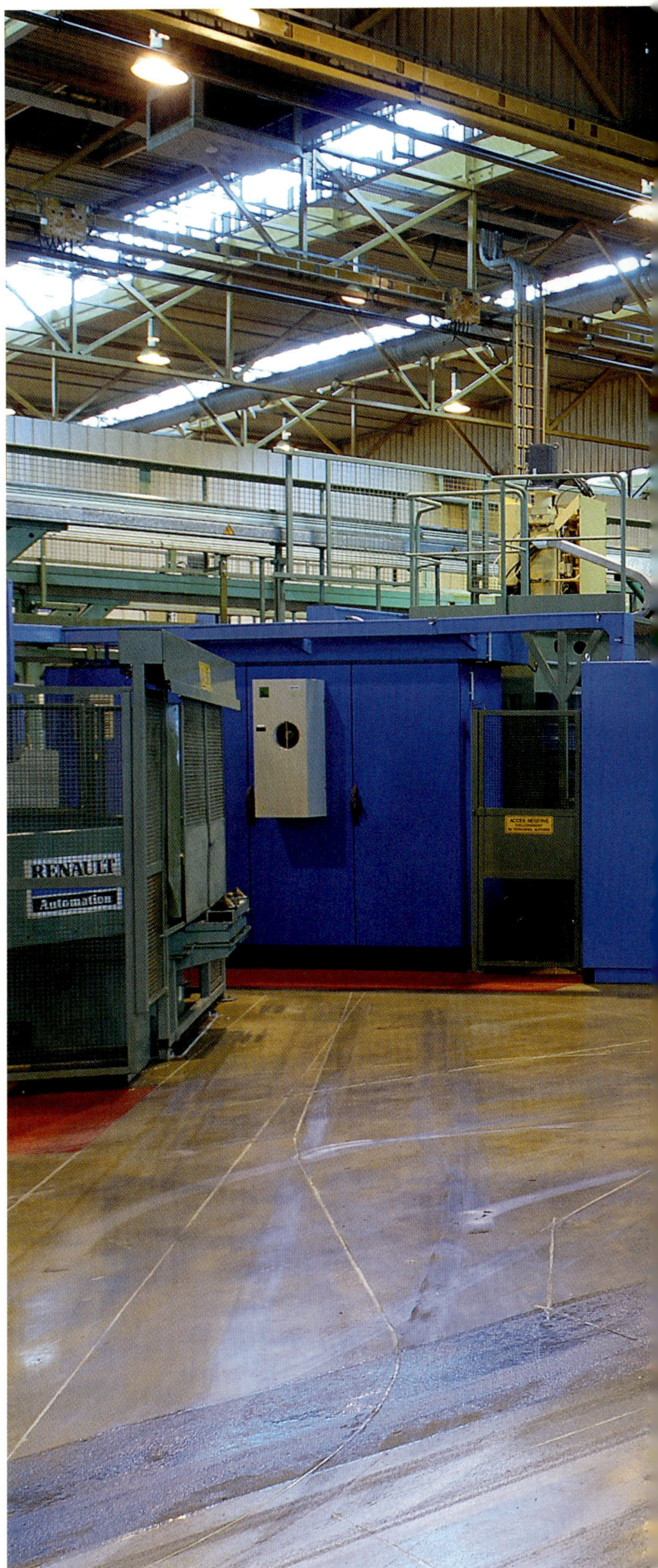

Les moyens industriels de haute technologie peuvent prendre un aspect inattendu. En témoigne ce chariot filoguidé évoluant d'un poste à l'autre de l'atelier flexible des disques de turbine, sur le site du Creusot.

Les pages qui précèdent montrent à quel point le domaine de la propulsion aéronautique et spatiale obéit à des règles particulières. Et s'inscrit dans un cadre temporel tout à fait particulier.

Dans ces conditions, tenter de se pencher sur l'avenir de Snecma constitue un exercice périlleux. Pire, l'anticipation peut décevoir dans la mesure où l'avenir, d'une certaine manière, est déjà là, se bâtit sous nos yeux. Les avions de demain, les lanceurs spatiaux du futur ressembleront étrangement à ceux qui sortent actuellement jour après jour des usines. Ils leur ressembleront et, pourtant, ils seront différents.

Les priorités imposées aux chercheurs, ingénieurs et techniciens ont, en effet, profondément évolué. L'ère des pionniers, des découvreurs, relève d'un passé lointain, de même que l'époque des exploits et des records est irrémédiablement terminée. On est évidemment en droit de le regretter, au nom de la défense de la part du rêve, tout en reconnaissant qu'il s'agit désormais de donner la priorité absolue à la fiabilité et à l'économie, d'une part, à la protection de l'environnement, d'autre part.

Ce double défi, certes, n'est pas nouveau, mais il a pris des dimensions nouvelles au fil des années au point de dominer totalement les ambitions et les préoccupations des industriels. Dès le premier choc pétrolier de 1973, chacun s'était empressé d'annoncer la fin de l'énergie à bon marché mais cela sans oser imaginer qu'il ne s'agissait là que de la première étape d'une escalade infernale.

En un deuxième temps, l'écologie est devenue une réalité tangible. Dépassionnée et dépolitisée, elle nous a permis de comprendre que la planète Terre devait résolument changer de cap et s'orienter, toutes affaires cessantes, vers des sources d'énergie renouvelables. Un objectif difficile à atteindre, qui exige des investissements considérables et beaucoup de patience.

Il est sans doute fondé de faire confiance au génie inventif de l'homme pour éviter le pire. Entre-temps, il s'agit de jouer la carte de l'économie, de consommer l'énergie avec parcimonie. Les transports aériens représentent environ 2 % des émissions mondiales de gaz à effet de serre.

C'est dans cet environnement particulier que s'inscrit la gamme de moteurs de Snecma, qu'elle en soit maître d'œuvre, partenaire ou simple participant. « Il faudra faire des progrès très importants alors que nous sommes déjà proches de l'asymptote », reconnaît Serge Eury, directeur de la recherche et de la technologie.

Dans le même temps, Snecma va asseoir ses succès en élargissant considérablement son éventail de produits civils. Avec General Electric, il s'agit de négocier un virage délicat qui conditionne largement la bonne tenue des décennies à venir, la succession du CFM56. Les importants programmes de recherche mis sur pied de part et d'autre de l'Atlantique (TECH56, Tech Insertion et, à présent, LEAP56) préparent cette nouvelle étape.

En abordant le XXIe siècle, Airbus et Boeing ont constaté que les gammes A320 et 737 « Next Generation » continuent de satisfaire aux exigences du marché et jugent inutile de remettre prématurément en question des formules gagnantes. Ils donnent du temps au temps, en même temps qu'ils donnent davantage de temps aux motoristes. C'est d'eux, en effet, que viendront, en grande partie, les nouvelles avancées en termes de coûts directs d'exploitation.
Jean-Paul Béchat, président de Safran, va à l'essentiel : « Il n'y a pas d'intérêt à lancer de nouveaux modèles, nous ne sommes pas dans la mode, nos produits ne sont pas obsolètes. » Et d'ajouter que les avionneurs ont tendance à l'occasion de cette réflexion à « externaliser » une vérité : c'est le moteur qui est l'une des principales sources de progrès. Tôt ou tard, grâce à une accumulation de nouvelles idées et de technologies ne pouvant pas être introduites sur une version dérivée d'un modèle existant, viendra le moment de lancer un produit entièrement

nouveau. Une échéance qui n'est pas encore fixée. Le tout est d'être prêt à bondir, dans l'hypothèse où l'un des concurrents chercherait à surprendre les autres en prenant soudainement le départ. Le droit à l'erreur est exclu, tant les enjeux sont énormes. Reste le fait que le successeur du CFM56 s'inscrira très probablement dans une logique de technologies évolutives, les conditions d'une rupture majeure n'étant pas réunies.

L'économie n'est pas tout. Les considérations environnementales ont pris une importance considérable, qu'il s'agisse de niveau de bruit ou d'émissions polluantes. Par exemple, pour le bruit, il faut désormais regarder bien au-delà du « chapitre 4 » des normes édictées par l'Organisation de l'aviation civile internationale, applicables aux avions ayant obtenu leur certificat de navigabilité après le 1er janvier 2006.

Le contexte général relève du protocole international de Kyoto (décembre 1997) qui, pour les quinze pays signataires de l'Union européenne, vise à réduire les émissions polluantes de 8 %, à l'horizon 2012, cela par rapport au niveau de 1990. Bien entendu, l'aviation commerciale est appelée à suivre le mouvement, tout en sachant qu'elle va au-devant de sérieuses difficultés liées à la croissance soutenue du trafic.

Francis Couillard, directeur des affaires de l'environnement à la direction du marketing moteurs civils de Snecma, souligne la difficulté de la tâche à l'aide d'un exemple concret. La réduction du bruit engendré par un moteur peut conduire à accroître le taux de dilution, ce qui nécessite une soufflante de diamètre accru. Ce qui entraîne alors une augmentation de masse qui, elle-même, engendre une consommation accrue... De même, l'amélioration du cycle thermodynamique par l'augmentation des températures provoque un accroissement des émissions d'oxydes d'azote si rien d'autre n'est fait. La quadrature du cercle n'est pas loin !

En 1995, Pierre-Emmanuel Gires, à l'époque l'un des responsables des ventes européennes de CFM International, expliquait que Swissair (alors compagnie de référence) avait opté pour le CFM56, de préférence à son concurrent, parce qu'il était doté d'une chambre de combustion double tête. C'est-à-dire une tête pour le fonctionnement au ralenti et une autre pour le plein régime. La décision de la compagnie helvétique avait confirmé que l'écologie venait d'entrer de plain-pied dans les transports aériens. Bien entendu, les progrès en gestation bénéficient au SaM146 franco-russe et au Silvercrest de conception encore plus récente. Et on les retrouve, sous une forme ou sous une autre, sur les moteurs des gammes GE90 et GP7200 auxquels participe Snecma.

Dans le même temps, l'horizon militaire a profondément changé. Ce n'est pas uniquement la conséquence de la fin de la guerre froide, dans la mesure où la planète Terre est loin de connaître la quiétude absolue. Des risques de conflits de tous types subsistent et ils sont plus aigus que beaucoup d'observateurs ne l'avaient prédit au lendemain de la chute du mur de Berlin.

Ce sont tout à la fois les contraintes budgétaires qui déterminent les priorités en même temps que la polyvalence et la durée de vie des principaux systèmes d'armes. La remarque s'applique notamment au Rafale de Dassault Aviation, propulsé par deux Snecma M88-2.

Seules des commandes à l'exportation pourront conforter les positions industrielles actuelles, sachant qu'aucun programme européen nouveau d'ampleur comparable ne peut être attendu dans l'avenir « prévisible ». Sauf à trouver d'autres applications au M88, également à l'étranger, une éventualité qui pourrait tôt ou tard devenir réalité. Entre-temps, tout au plus assiste-t-on à la gestation d'un UAV (Uninhabited Aerial Vehicle) dont la motorisation ne relève pas précisément du champ d'action habituel de Snecma.

À gauche, une illustration (particulièrement élégante) de récents progrès technologiques : une aube de soufflante réalisée en matériaux composites. Ci-dessous, un lanceur Ariane 5 prêt au lancement.

Safran

61 400 personnes dans 30 pays et un chiffre d'affaires annuel de plus de 11 milliards d'euros. Safran investit 1,4 milliard d'euros par an dans la recherche et le développement, dont 60 % autofinancés. L'ensemble des activités du Groupe se répartit en : 45 % pour la propulsion aéronautique et spatiale, 24 % pour les équipements aéronautiques, 19 % pour les télécommunications et 12 % pour la défense et la sécurité.

Le Groupe est organisé autour de 4 branches :

Propulsion aéronautique et spatiale
Snecma réalise en 2006 un chiffre d'affaires annuel de près de 3 500 Meuros, *via* ses activités civiles (78 % du chiffre d'affaires de la société), militaires (13 %) et spatiales (6 %).
La branche compte aussi Snecma Services (maintenance, réparation, support), Turbomeca (moteurs pour les hélicoptères), Microturbo (moteurs pour missiles et drones), Snecma Propulsion Solide (moteurs-fusées à propergols solides) et Techspace Aero (modules et équipements)

Équipements aéronautiques
Cette branche couvre un éventail très vaste d'activités avec Messier-Dowty (trains et systèmes d'atterrissage), Messier-Bugatti (systèmes de freinage, roues), Messier Services (maintenance de systèmes d'atterrissage), Aircelle (nacelles pour moteurs), Labinal (câblages), Hispano-Suiza (commandes et équipements) et Teuchos (conseil et ingénierie).

Défense sécurité
Les activités, qui couvrent sécurité et sûreté, sont réparties entre quatre sociétés : Sagem Défense Sécurité (navigation et systèmes aéronautiques, optronique, systèmes aéroterrestres), Sagem Monetel (paiement électronique), Sagem Morpho (biométrie) et Sagem Orga (cartes intelligentes, cartes à puce).

Communications
Cette branche regroupe les activités de télécommunications : téléphones mobiles, terminaux d'impression et résidentiels, réseaux, comptage électrique. Principale société : Sagem Communication.

De haut en bas, une jambe de train d'atterrissage de Messier-Dowty, le décollage d'un drone Sperwer B de Sagem Défense Sécurité, un CFM56 au banc d'essai et, ci-contre, un turbomoteur Arriel, dans l'usine de Bordes de Turbomeca.

Il y a là un paradoxe et matière à réflexion. L'industrie aéronautique, en effet, est totalement « globalisée ». Il y a longtemps qu'elle ignore les frontières, ce qui lui permet de nouer des alliances de tous types, facilitées par des moyens de communication qui n'existaient pas précédemment. La notion de coopération, née timidement il y a un demi-siècle, s'est banalisée en même temps qu'elle s'est heurtée à ses limites en raison, précisément, de la raréfaction des programmes. Qui plus est, la grande propulsion aéronautique, on l'a vu, relève d'un oligopole.

La préparation de l'avenir, plus que jamais dépendante de nouveaux progrès techniques, obéit par ailleurs à une règle nouvelle. Les avancées sont suscitées par les programmes civils et non plus par les militaires. Du coup, l'adjectif « dual » fait florès, sachant que la frontière virtuelle entre civils et militaires a disparu. La technologie, l'état de l'art sont non seulement les mêmes pour tout le monde mais trouvent indifféremment leurs applications de part et d'autre d'une séparation sur le point d'être totalement effacée.

Parallèlement, la fiabilité, véritable obsession du monde aéronautique, notamment parce qu'elle constitue un gage essentiel de sécurité et de performances optimales, prend une signification nouvelle. C'est la voie vers ce qu'il est convenu d'appeler le « zéro défaut », méthode appliquée *urbi et orbi* dans la mesure où elle implique la pleine participation des fournisseurs.

Des efforts incessants, explique Éric Dautriat, directeur de la qualité de Snecma, reposent sur « Dzeta », appellation tirée de « Défaut Zéro sur Tous Articles », ciblée sur les points faibles. Cette formule prévoit notamment la formalisation de tout événement de non-qualité et une surveillance rapprochée en cas de défaillance. Le plan Dzeta exige une communication très étroite avec le réseau de fournisseurs en même temps qu'il donne naissance à un dispositif qualité rénové. L'objectif : « Voir la performance des fournisseurs s'améliorer d'au moins 50 % par an afin d'atteindre un seul et unique but, le zéro défaut. »

Cette notion prend une signification particulière dans le domaine de la propulsion spatiale. Quelles que soient les précautions de redondance, le moindre dysfonctionnement peut avoir des conséquences dramatiques. Un lancement d'Ariane 5 repose sur un enchaînement de séquences qui, en cas de difficulté, ne laisse pas de temps à l'analyse ou de marge à la prise de décision. Les notions de qualité « vol habité » ou de mise sur orbite de charges utiles automatiques se sont rejointes et confondues en un niveau d'exigences qui est probablement le plus élevé de tous.

Ce 737 porte les couleurs de la compagnie américaine Southwest Airlines, modèle économique qui a inspiré tous les transporteurs « low cost ».

Dans le même esprit, l'industrie elle-même est en mutation dans la mesure où ses méthodes, son mode de fonctionnement abordent une phase nouvelle. Pour réduire les coûts de développement, d'une part, pour coller au plus près aux exigences des avionneurs d'autre part, les motoristes déploient des efforts considérables pour réduire les temps de développement des produits nouveaux.

Ainsi va l'aéronautique. Snecma y occupe une place solide, joue volontiers les premiers rôles et bénéficie d'une excellente visibilité sur l'avenir. Ses dirigeants connaissent l'importance de la vigilance de chaque instant, tant les décisions qu'ils prennent jour après jour peuvent avoir des conséquences s'étendant sur plusieurs décennies.

« C'est pourquoi l'entreprise s'est engagée à maintenir et développer ses savoir-faire et son leadership dans ses domaines d'excellence, explique Philippe Petitcolin, président-directeur général de Snecma. Nous avons clairement choisi d'utiliser notre expertise pour être capables de proposer de nouveaux couples avions-moteurs sur le marché. Cela suppose d'être en possession des bonnes technologies au bon moment. Notre capacité d'innovation nous permettra d'affronter les défis de demain, en maintenant nos exigences en matière de performance économique et de compétitivité. »

Table

Bibliographie

AAAF/ONERA (ouvrage collectif), *Aéopropulsion*, Paris, 1990.
ANAE (ouvrage collectif), *La Coopération internationale entre industries aéronautiques et spatiales*, Éditions Pedone, Paris, 1995.
BENICHOU Michel, *Un siècle d'aviation française*, Larivière, Clichy, 2000.
BERGER Luc et CARLIER Claude, *Dassault, l'entreprise, les programmes*, 2 tomes, Éditions du Chêne, Paris, 1996.
CHADEAU Emmanuel, *L'Industrie aéronautique en France 1900-1950*, Fayard, Paris,1987.
COMAERO, *Un demi-siècle d'aéronautique en France (Les moteurs)*, Centre des hautes études de l'armement, Paris, 2005.
GENERAL ELECTRIC (ouvrage collectif), *Eight Decades of Progress*, General Electric Co., Dayton (États-Unis), 1990.
GIFAS (ouvrage collectif), *L'Industrie aéronautique et spatiale française, 1907-1982*, hors commerce, Paris, 1984.
GUÉRIN Patrick et MAOUI Gérard, *Le Ciel en héritage*, le cherche midi, Paris, 2001.
LASSERRE Michel (COMAERO/DGA), *Un demi-siècle d'aéronautique en France*, CHEA, Paris, 2005.
MARCK Bernard, *Dictionnaire universel de l'aviation*, Tallandier, Paris, 2005.
NOETINGER Jacques, *Histoire de l'aéronautique française*, 3 tomes, Éditions France-Empire, Paris, 1978, 1983 et 1984.
ONERA (ouvrage collectif), *Cinquante ans de recherches aéronautiques et spatiales*, Châtillon, 1997.
POLACCO Michel, *Hispano-Suiza, le futur a sa légende*, le cherche midi, Paris, 1993.
PUGH Peter, *The Magic of a Name. The Rolls-Royce Story*, 3 tomes, Icon Books, Cambridge (Grande-Bretagne), 2001, 2002.
Snecma (ouvrage collectif), *Cent ans de moteurs d'aviation*, hors commerce, Paris, 1995.
ROBINEAU Lucien, *Les Français du ciel*, le cherche midi, Paris, 2005.
SPARACO Pierre, *Concorde, la véritable histoire*, Larivière, Paris-Clichy, 2002, 2003 et 2005.
SPARACO Pierre, *Airbus, la véritable histoire*, Éditions Privat, Toulouse, 2005.
SPARACO Pierre, *Aéronautique et espace*, Larivière, Clichy, 2003.
SPARACO Pierre, *L'Industrie aérospatiale française*, Presses universitaires de France, coll. « Que sais-je ? », Paris, 1996.
TAYLOR John W.R., *Jane's all the World's Aircraft*, annuaire, Jane's, Londres (Grande-Bretagne).
TORRES Félix, *La Maîtrise du feu, quarante ans de propulsion solide et de composites*, Larivière, Clichy, 2003.
UNITED TECHNOLOGIES (ouvrage collectif), *The Technology of Man*, East Hartford (Etats-Unis), 1979.

Publications consultées:

Air & Cosmos, *Air Revue*, *Aviation Magazine*, *Aviation Week & Space Technology*, *Flight International*, *Icare* (revue du SNPL), *Moteurs* (revue interne Snecma), *Pégase* (revue du musée de l'Air et de l'Espace du Bourget), *Science & Vie* (hors-série aviation), *Snecma Magazine*.

Bibliographie spatiale

- *Fusées et astronautique*, Camille Rougeron et Jean Bodet, Larousse, 1964
- *Ariane*, Alain Souchier et Patrick Baudry, Bordas, 1986
- *Histoire d'Ariane*, document SEP de sept volumes, Alain Souchier
- *SEP 20 ans de révolutions 1969-1989*, Albert Ducrocq (hors commerce)
- Christophe Rothmund (IAA-2-1-612 de 1994, IAA-2-4-07 de 2002, IAA-6-15-3-02 de 2004, AIAA 91-2555 de 1991, AIAA 99-2901 de 1999)
- *La Force de dissuasion française : genèse et évolution*, Jacques Villain, Docavia, 1987
- *Le Secteur balistique et spatial aquitain : naissance et développement (1959-1972)*, Hubert Gossot dans *Les Cahiers de la mémoire* n° 8, *La mémoire de Bordeaux*, 2001
- *Histoire du centre aéronautique de Melun-Villaroche*, Robert Lamouche, 1999
- Mémoire de doctorat d'histoire d'Olivier Huwart, Marines Éditions
- *Du V-2 à Véronique : la naissance des fusées françaises*, Olivier Huwart, 2004
- *Le LRBA d'hier à aujourd'hui ou 60 ans de modernité*, Christian Vanpouille, 2006
- *La Maîtrise du feu*, Félix Torres, Docavia, 2004

Crédits photographiques

Air Berlin/Boeing, 17
Airbus/D.R. 93
Airbus Military, 121
Airbus/C. Brinkmann, 88
Air France, 76
Airbus/exm/Philippe Masclet, 104 (bas)
Air Inter/C. Le Gac, 110
Aviation Magazine (collection de l'auteur), 31
Boeing 92, 101
Dassault/D.R. 20, 33, 38, 46-47, 59, 62, 64
Dassault/E. Moreau, 30
Dassault/Alexandre Paringaux, 40
Dassault/François Robineau, 16, 39, 41, 45
ESA/Cnes/Arianespace/CSG, 124-125, 147, 153
Marine nationale/Bruno Arribard, 65
Marine nationale/Claisse, 15
Marine nationale/Johann Peschel, 67 (haut)
Marine nationale/Jacques Tonard, 48-49
ONERA, 9
PowerJet 108, 108-109, 112
Safran/Étienne Follet, 154 (en bas à droite)
Safran/Thierry Mamberti, 154 (en haut)
Sagem Défense Sécurité, 14, 154 (au centre)
SEPR (coll. Ch. Lardier), 126, 127, 133
Sirpa Air, 26, 44 (haut)
Snecma/Alain Vidon/Éric Drouin/Éric Forterre/SEPR/DR, 6-7, 8, 10, 11, 12-13, 18-19, 21, 22, 23, 25, 27, 28-29, 32, 34-35, 36, 37, 42-43, 44 (bas), 48, 49, 50, 51, 52, 54-55, 56, 57, 58, 60, 61, 66, 67 (bas), 68-69, 70-71, 72, 73, 74, 75, 77, 78-79, 80, 82-83, 85, 86, 89, 91, 94-95, 96, 97, 98-99, 102, 103, 104 (haut), 105, 106, 107, 111, 114-115, 117, 118-119, 122, 123, 129, 130, 131, 132, 134, 135, 137, 138, 139, 141, 142, 144, 145, 148-149, 150-151, 152, 154 (en bas à gauche)
Southwest Airlines, 155
Sukhoï, 113
VFW, 100

Remerciements

Catherine Le Cochennec, sans laquelle
ce livre n'aurait pas vu le jour, Marie Bonzom,
Géraldine de Bucy, Bernard Bombeau,
Vincent Chappard, Solange Fouqueray,
Patrick Guérin, Michel Harvey, Julien Lanier,
Françoise Maenhaut, Marcel Martin (†),
Antoinette Menard, Dominique Prot,
Danielle Raquet, Yves Robins.
Et les présidents successifs, de nombreux
dirigeants et chefs de programmes de Snecma
rencontrés au fil de reportages antérieurs
à cet ouvrage.